JN086859

提案　指示　交渉
雑談　プレゼン　会議　etc.

あえて話さない戦略

桐生稔
Minoru Kiryu
株式会社モチベーション&コミュニケーション代表取締役

大和出版

話すのをやめた瞬間、
あなたは
〝賢い人〟になれる

饒舌の敗北

「すぐに口を開くのはバカがやることだ」

これを聞いてあなたはどう思うだろうか。

言葉は悪いが、私は真実だと思う。

すぐに口を開くとは、こんな人だ。

・何かあるとすぐに言い返す人
・つい、よけいなことを言ってしまう人
・人の話に自分の話を被せる人
・すぐにアドバイスする人
・やたらと説明が長い人
・指示や命令が多い人

中には、話し方は流暢だけど、話の中身が全然入ってこない人もいる。

この人たちに一切悪気はない。むしろ自分の意見をちゃんと言おうとする誠実さや、相手のことを思って助言できる優しさがある。

でも、なぜそれが相手に伝わらないのだろうか?

それは **「あえて話さない」** という選択肢を持っていないからだ。

人間は、自分のことは自分で決めたいし、自分のことを理解してほしいし、そんな自分のことを話したい。そういう話したい自我と自我がぶつかっている。

だからこそ「あえて話さない人」が重宝される。

誤解しないでほしい。

黙って相手の話を聞き続けてほしいということではない。

もちろん相手に伝えなければいけないこともある。

でも、あえて伝えなくてもいいこともある。

いまは伝えず、あとで伝えたほうがいいこともある。

質問によって、相手から答えを導き出したほうがいいこともある。

アドバイスするより、悩みを聞いてあげるほうが相手の心が軽くなることもある。
あえて沈黙することで、相手に考えてもらうこともある。
「よくやった」というより、満面の笑みでハグしたほうが伝わることもある。
これらは全部「あえて話さない」戦略だ。

●あえて話さないほうが存在感を放てる

本当に信用される人は、相手のことをよく考えている人だ。
「自分が話したいこと」よりも、「相手が聞きたいこと」を話すことができる。
ロジカルに話すより、ロジカルに聞くことができる。
相手に質問するだけで、相手をワクワクさせることができる。

そこに座っているだけで、その場を明るくすることだってできる。
これらは魔法ではない。すべてリアルな話だ。
そういう人は、自分が話さない分、相手に意識を向ける時間が増える。

その時間を使って、相手の欲求を満たし、相手から好かれていく。
だから卓越したコミュニケーション力が身についていく。

あなたの周りにいないだろうか？
「あれっ、今日、○○さん、来てないんだ」と言われる人。
その人はすでに圧倒的な存在感を放っている。
人は自分を理解してくれる人を信用する。だからその人の存在が気になるのだ。
その人はすでに「あえて話さない戦略」を無意識に実践しているのかもしれない。

スティーブ・ジョブズが言った。
「最も重要な決定とは何をするかではなく、何をしないかを決めることだ」と。
それと同じく、何を話すかよりも何を話さないかが重要だ。
ソクラテスやお釈迦様がおしゃべりだったなんて聞いたことがない。
賢人はいつも問いかける。そして本質を突いてくる。

本書は「あえて話さない戦略」で、ワンランク上のビジネスマンになることを目指している。

これは保証する。

「あえて話さない戦略」は、きっとあなたの価値観を変える。

そしてあなたの存在価値を高める。

ひいてはあなたの人生を開眼させる。

さぁ、いまこそ饒舌を超越するときだ。

はじめに――「相手のことを考える」が自分を高める第一歩になる

話し方を専門としたビジネススクールを立ち上げて10年。

これまでセミナーや研修を1万回開催してきました。現在も100名の講師と共に、札幌から沖縄まで、日々、話し方のトレーニングをおこなっています。

私自身、これまで何回も研修や講演をおこない、話し方のメソッドという無形の商品を販売し、YouTubeでも600本以上、話し方の動画をアップしてきました。

だからなのか、とにかくしゃべりまくっている人として認識されているようです。

でも、普段の私はほとんど話しません。社内でも相当無口だと思われています。

では、何をしているか？　それが「あえて話さない戦略」です。

「話せない」でも「話さない」でもない。**「あえて話さない」**のです。

本書のタイトルがそうだから言っているのではありません。

これが人間関係を豊かにする試金石（しきんせき）になることを知っているからです。

当スクールには「私、口下手で……」「会話が苦手で……」という方が多数お越しになります。

「口下手」を『Google日本語辞書』（Oxford Languages）で引くと「ものの言い方が巧みでないこと」と出てきます。では、口下手の反対はなんでしょうか？

「口上手」です。これも意味を調べてみると、口忠実といって、口数が多いことや、口が軽いこと、饒舌、雄弁、話し上手などが出てきます。

要は言葉巧みにペラペラ話せる状態です。これ、本当にいいことでしょうか？

「○○さんは口が上手いね」という言葉は、あまりいい意味として使われません。

マシンガントークで、いつも笑わせてくれる人がいても、四六時中一緒にいたら絶対に疲れそうです。

口先で上手いことを言い並べる人は、きっと信用されないでしょう。

では、信用される人とはどういう人でしょうか？

口下手でも、ちゃんと自分の話を聞いてくれる人ではないでしょうか。

言葉巧みに話せなくても、きちんと自分の感情をキャッチしてくれる人ではないでしょうか。

指示命令ばかりではなく、困っていることを真剣に聞いてくれる人ではないでしょうか。

素晴らしいアドバイスより、それを引き出す質問をする人ではないでしょうか。

「話すより、むしろ話さないほうがコミュニケーションは上手くいく」

これこそ、私が「あえて話さない戦略」を選択する理由です。

私が講師として独立したのは35歳でした。

35歳で起業というのは、決して早いほうではありません。

すでに同年代で、第一線で活躍されている講師が何名もいました。その講師たちはオーラがあって、キラキラしていて、人を惹きつける魅力がありました。

でも、私には何もありませんでした。それでも負けじと、本を読んで勉強したり、ブログを書き続けたり、話すネタを考えたりしながら、毎日セミナーを開催しました。

しかし、セミナーに参加いただける人は、毎回1、2名……。

かたや同年代で活躍している講師は、メディアにも取り上げられ、講演すれば10

0名以上が集まり、講演終わりの握手会では行列ができます。

私も握手してもらおうと列に並んでいましたが、「俺、なんで並んでいるんだ……」と、悔し涙が込みあげてきました。

「もう帰ろう……」、そう思ったとき、握手する講師が目の前に飛び込んできました。その講師は、参加者に深々と頭を下げながら、「今日はどちらからお越しに？」「今日は何か学びがありました？」と感想を聞いているではありませんか。

大勢並んでいるのでもちろん一言、二言ですが、参加者は目を輝かせながら嬉しそうに話しています。話し終わったあと、スキップして帰る人もいました。

このとき、私の中で何かが変わりました。

講師の仕事は話すことではない。目の前の人を元気にすることだと。

それから「あえて話さない」という選択肢を人生に取り入れました。

例えば「内閣の改造人事がありましたね」みたいな固い話。

若い頃の私は「そうですね。やはり○○大臣は留任でしたね」なんて口走り、その場を変な空気にしていました。本当は相手が何か話したかったともつゆ知らず。

それがわかってからは「たしかそうでしたね。何か変わったことはありました?」と相手の話に耳を傾けることにしました。

だから普段の私は、あまり話しているイメージがないのだと思います。

●言葉は、人を温める毛布にもなれば凶器にもなる

人間、思わず口走ってしまうことがよくあります。

「あれっ、太った?」と思わず言ってしまったり、元気な人に「お疲れですか?」と声をかけてしまったり。気遣いのつもりで言った「顔色悪くないですか?」という言葉も、褒めるつもりで言った「いつも暇なのに珍しく繁盛してますね」も。ちょっと笑わせようと思って言った「○○さん、リズム感ないよね(笑)」だって。たった一言で、相手との関係性をぶち壊すこともあります。

アメリカのメリーランド大学の研究結果によると、男性が1日に発する単語数は平均7000語。女性の場合は平均20000語のようです。

よくしゃべる人にとっては、数万語のうちの一言かもしれませんが、相手にとって

は心を冷やす一言になるかもしれません。

いくら楽しいことがあっても、嬉しいことがあっても、人間1人では幸福は味わえません。相手がいて、はじめてコミュニケーションが成り立ちます。

だからこそ、我々には相手のことを考えるトレーニングが必要だと思うのです。

当スクールの受講生からは、「あえて話さない戦略」を実践することで、

「心を開いて話すことがなかった部下が、積極的に発言するようになった」

「いつも言い訳から入る後輩が、自ら改善策を考えるようになった」

「絶対に謝らない人が、素直に謝るようになった」

「お客様のほうから『契約するにはどうしたらいいですか?』と聞かれるようになった」

と、喜びの声が多く寄せられています。

トレーニングというとヘビーに聞こえるかもしれませんが、本来「早くやれよ!」と言うのも、「時間がかかっているけど大丈夫?」と聞くのも、口にするときのエネルギーに差はありません。「あえて話さない戦略」は誰でも、すぐに実践できるのです。

あなたは、こういったビジネス書を手に取る方です。

きっと常日頃から自己鍛錬を積み、現在進行形で上を目指されている方でしょう。

ぜひ安心して上を目指してください。本書はそれを最短距離で叶える手引きになるはずです。

それでは、あえて話さない戦略を開始いたします。

株式会社モチベーション&コミュニケーション

代表取締役　桐生　稔

第2章 「あえて話さない戦略」を実践する19のスキル

～「話す」を9割捨てれば、人生は格上げできる～

第3章 「あえて話さない戦略」を実用化する5つのトレーニング

~どんなとき・どんな場面でもスキルを発揮できるようになる~

本文レイアウト/図版作成 今住真由美
本文DTP 白石知美/安田浩也(システムタンク)

序章

「できれば話したくない」は健全なモチベーション

～「話さない」ことがチャンスにつながる本当の理由～

2020年、新型コロナウイルスが広まってから、外出制限やテレワークの促進があって、私たちは会話する機会が圧倒的に減りました。

「人と話すのが苦手になった……」という声も多数あり、「コロナコミュ障」という言葉も生まれ、中には「会話するのが面倒」「できれば話したくない」という声も散見されました。

コロナ以後、いまもなおコミュニケーション不全はいたるところで発生しています。

でも、この事態をチャンスとして捉えることもできます。

なぜなら「あえて話さない」ことが人間関係の好機につながるからです。

この章では、

「あえて話さないことが、コミュニケーション不全を健全にする」

その理由を解説します。

会話の主導権を握っているのはどっち？

Aさんと Bさん、会話をリードしているのはどちらでしょう？

〈ある雑談のケース〉

Aさん：「先週、セミナーを受講されたんですね。どんなセミナーを受けてきたんですか？」
Bさん：「アンチエイジングのセミナーです」
Aさん：「アンチエイジングですか!? 私も興味あります！ どんな内容でした？」
Bさん：「食事とかサプリとかいろいろ話がありましたが、結局一番カンタンなのは『笑うこと』なんですって（笑）」
Aさん：「えっ！ 笑うこと？」
Bさん：「そうなんです。1回笑うだけで100個のガン細胞がぶっ飛んで若返るらしいです」

Aさん：「すごい！　ぜひ私も意識してみます(^_^)」

リードしているのはAさんです。

Aさんはただ質問しているだけのように見えますが、Aさんが話したい方向で会話が進んでいます。しかもAさんは新しい情報まで仕入れています。

〈商談のケース〉

営業：「御社は毎年売上が上昇しているので、本当にすごいと思います」

顧客：「たしかに売上は上がっているんだけど、人の教育がね……」

営業：「みなさん素晴らしい方ばかりじゃないですか。若手の方は元気がいいですし」

顧客：「その若手が問題で……」

営業：「あんなに元気がいいのに？」

顧客：「そうなんだ。最近の若い人の特性なのかわからないけど、実は……」

これも、会話をリードしているのは営業です。営業は話を聞いているだけのように見えますが、顧客が勝手に問題意識を語り出しています。

普通、営業なら「人の教育がね……」と言われた時点で、何か提案しようとするはずです。でもあえてそれをせず、承認しながら、話を聞き続ける。

すると相手は自ら悩みを吐露しはじめるのです。

最後にもうひとつ。こういう上司と部下の会話があったらどうでしょう。

上司：「何か仕事で困っていることがあるだろ」

部下：「特にないです」

上司はせっかく心配して言ったのに、部下のそっけない回答。

でも、突然そんなことを言われても、とっさに出てこないのもわかります。

では、こう質問したらどうでしょう？

上司：「何か把握しておいたほうがいいことはあるかな？」
または、
上司：「事前に共有してもらったほうがよさそうなことってある？」

そう聞けば、

「○○さんと仕事をしているのですが、○○さんからのレスが遅くて……」

「仕事のボリュームが多くて、納期が遅れそうなものがありまして……」

「たいした話ではないんですけど、飼っている猫の体調がよくなくて……」

など、さっきよりも部下は答えやすくなるでしょう。会話というと、饒舌に話す人がペースを握っていると誤解している人が多いですが、まったく逆です。

相手の話を聞いたり、相手に質問したりする側が会話をコントロールしています。

もし、多くのコミュニケーションの本を読んでもコミュニケーション力が上がらないとするなら、「話すこと」に重きを置いているからです。それは刃が欠けた斧で木を切るくらい効率が悪いです。

「あえて話さない」とは次のようなことです。

あえて話さないとは？

話す＝すぐに口にすること

あえて話さない

・すぐに口にせず、まずは自分の考えを熟成させること

・言うべきことと、言わなくてもいいことを取捨選択すること

・相手の話を聞くことで、相手の気持ちを感じ取ること

・相手に質問することで、相手に気づきを与えること

・相手に指摘しないことで、自ら問題意識を持ってもらうこと

・無言になることで、相手の口から語ってもらうこと

・ストレートに言わずに、別の言い方で伝えること

・言いたいことを隠して、相手の好奇心を引き出すこと

・真逆を伝えることで、インパクトを残すこと

・口数を減らすことで、存在感を出すこと

・相手の力を信じて、そっと見守ること

本書のメソッド

第1章は「あえて話さない戦略」で

成功するためのメンタリティ

・ワンランク上のビジネスマンのメンタリティを手に入れる
・「話が上手い人が成功する」という呪縛から解放される

第2章は「あえて話さない戦略」を

実践する具体的なスキル

・あえて話さず人を動かす会話のエッセンスを習得する
・相手からYESを引き出す会話術を身につける

第3章は「あえて話さない戦略」を

実用化するトレーニング

・「あえて話さない戦略」を習慣化する
・賢い人が実践しているコミュニケーションを本格始動させる

あえて話さない人を一言で言うと？

あえて話さない人とは、心に余裕がある人です。

すぐに口にして後悔してしまう人は、心に余裕がありません。

イライラしていて、ガツガツしていて、それでいてオドオドしています。

その空気感がまわりに漏れて、人が離れていき、心の余裕が削られていきます。

心に余裕がある人は、常にリラックスしていて、まわりへのリスペクトが充満しています。

日頃から「バカヤロウ」よりも**「ありがとう」**が滲み出ている人です。

心の余裕を手にする方法は、「話すことを考える」より**「話さないことを考える」**こと。そう、この考える時間を確保することです。

例えば、「なんであんなことを言ってしまったんだろう……」と後悔することも、もう少し考える時間と余裕があれば、きっと別の言い方ができたはずです。

自分の筋道より相手の文脈で考える時間を少しだけ保持する、その思考方法として、本書では、

❶メタ認知
❷捨てる勇気

がいたるところに出てきます。この2つが本書の背骨です。

メタ認知とは、メタ（高次元）の認知という意味で、自分が理解している世界を俯瞰することを言います。そして俯瞰したら、話したいことを、勇気をもって捨てる。言いたいことを10個並べて、9個捨てるイメージです。

真面目で、勉強熱心で、一生懸命な人ほど、

「全部言わなければいけない」
「過不足なく伝えなければいけない」
「完璧に話さなくてはいけない」

と必死です。そうすると、よけいに余裕がなくなります。

まずはそのメンタリティを改革する必要があります。

第1章は「あえて話さない戦略」で成功するためのメンタリティを展開していきます。

第1章

「あえて話さない戦略」のための8つのメンタリティ

～最高のコンディションで、基礎を固める～

賢人は、まず心のコンディションを整えます。

どれだけ素晴らしいスキルを手に入れても、それを実践できる精神状態になければ、無駄な情報が増えるだけだと知っているからです。

一流の野球選手は、バッターボックスに入った瞬間、入念に地ならしをおこないます。

短距離のトップアスリートほど、スターティングブロックの位置を緻密にセッティングします。

ビジネスも同じく、準備が大切です。

この章では「あえて話さない戦略」を実践するための最高の心的状態を作り上げ、ワンランク上を目指すための基礎を作っていただきます。

メンタリティ❶〈余裕〉

反射的に口にするとバカになる

あなたは次のどちらを求めていますか？

「話が上手くなりたい」

or

「会話が上手くなりたい」

コミュニケーション力を高めたいと思うなら、後者の**「会話が上手くなりたい」**を目指すことをすすめます。

話が上手くなりたいなら、何度も人前で話したり、話したことをYouTubeにアップしたりすれば、だんだん上手くなります。

でもそれは一方通行なものです。

コミュニケーションとは双方向でおこなうもの。会話もそうです。

「相手が話したいことは？」「相手が聞きたいことは？」「どうやったら相手に興味を持ってもらえる？」、そんなふうに相手のことを考える。

これがコミュニケーションを取るときの原点です。

「話が上手くなりたい」と思うと、どうしても「流暢に話したい」「話が上手いと思われたい」「よい評価を得たい」と、自分がどう見られるかに思考が寄ります。

そうすると相手のことを考える余裕を失います。

さらに「話すこと」に重きをおくと、反射的に口走ってしまうことも増えます。

イラッとして、「だから言ったのに！」「そんなの当たり前でしょ！」「何度言わせるの！」と、つい口から突いて出てしまうケースです。

また、

「**業務が多いので**、仕事が漏れました」

「**デザインを重視していたので**、構成までは目が行き届きませんでした」

と、言わなきゃいいのについ余計な言い訳をしてしまうこと。

「達成おめでとう。まぁ、**俺は3ヶ月連続で達成したけど**」と、ポロッと上から目線で話してしまうこと。

「**ま、どうでもいいけど**」と、会話の間を埋めようとして言ったその一言も。

挙げたらきりがありませんが、相手の地雷を踏むケースがたくさんあります。

では、「あえて言わずに成功する」とは、どんなケースでしょうか?

例えば、失敗した部下に対して「ちゃんと反省しているのか!」と言うより、あえて「**何か事情があったんじゃない?**」と聞くことです。

このほうが本音を吐露しやすくなります。

よくコンビニやお店のトイレで「トイレを汚さないでください!」ではなく、「いつもトイレをキレイに使ってくれてありがとうございます」という張り紙を見かけることがあります。

あえてこの表記にしたほうがキレイに使われます。

これは心理学でいう「ピグマリオン効果」というもので、「人間は誰かに期待され

ると、その期待に添うように成長する」という思考を利用したものです。

大声で話している人に静かにしてほしいときは「静かにして！」と言うよりも、あえて少し部屋を暗くしてみてください。きっとそのほうが静かになります。これもあえて言わずに成功するケースです。

具体例は第2章でふんだんにお伝えしますが、これらはすべて、自分が言いたいことを封印し、あえて相手が聞きたいことを思考した結果、生まれた産物です。

当たり前のことを言いますが、人間は考えることができます。

人間の大脳には、大脳辺縁系という**「感情」**を司る領域があります。

これは動物にもあります。だから猿は何かを感じればキーキー騒ぐし、犬もキャンキャン吠えます。

そしてもうひとつ、人間の大脳には大脳新皮質という**「思考」**を司る領域があります。

これは人間だけが異常に発達しました。そのため人間は動物より、何かを考えたり、覚えたり、理性をはたらかせたりするのが得意です。

何も考えず思ったことをすぐに口にするのは、感情むき出しの動物と同じです。思考停止はバカになる一方で、人間の能力を享受していないに等しいです。

だからこそ、少しだけ「自分が話したいこと」から「相手が聞きたいこと」を考える時間を確保してほしいのです。

考えるといっても、ほんの数秒です。

ひと呼吸、ふた呼吸つく。このくらいの短い時間で十分です。誰にでも1回、2回、深呼吸をしたことで少し落ち着いた経験があるはずです。

我々は毎日大量の情報にさらされており、暇さえあればSNSを開き、YouTubeで動画を観て、テレビやネットの番組で情報を収集しています。

SNSでは、誰かがコメントしたり、非難したり、傷つけたりと、実に評論する人が多いことに気づきます。

私もSNSで誹謗中傷のコメントをいただくことがあります。

以前はそういうコメントをいただく度に胸を痛めていました。

しかし、いまは1ミリも気になりません。私の顔の面が厚くなったから、ではありません。反射的に言い返すことをやめたからです。

いろいろ言われることがあっても、「なぜそんなことを言うのだろう？」「本当にそうなのかな？」と、空想します。

ほんの数秒です。そうこうしているうちに気持ちはスッと収まっています。

すぐに口にする人は、コミュニケーションで大敗します。

ほんの1秒、2秒……。ひと呼吸、ふた呼吸……。

このくらいから考える時間を確保してみてください。

その少しの時間が、心に平穏をもたらし、対人関係を好転させるきっかけになるはずです。

Mentality rule 1

「1秒、2秒……」、思考する時間を設ける

メンタリティ❷〈発想〉

賢い人ほど結論から考えない

「結論から話せ」

この言葉、一度は聞いたことがあるのではないでしょうか？

まずは結論を決めて、その後に詳細を伝えるほうがわかりやすいというものです。

でも、物事を思考するときは結論から考えると頭が悪くなります。

なぜなら、大脳の思考を司る領域を活動させることができないからです。

人間が物事を考えたり、計画したり、判断したりするとき、大脳新皮質の前頭葉の一部である「前頭前野（ぜんとうぜんや）」が活発に活動することがわかっています。

前頭前野は「脳の中の脳」とも呼ばれる思考の中枢です。

つまり、すぐに結論づけてしまうのは、深く考えなくなることであり、前頭前野の活動をストップさせることになります。

そうすると思考力は格段に落ちます。

例えば、人に会うことが減ると、急に人の名前を覚えられなくなったり、久しぶりに本を読むと、やたらと読むスピードが落ちたりすることはありませんか。

それは当然で、脳を使わなくなれば、考える機能は衰え、思考力はサビつきます。

仮に、会社の労働環境を改善するには、「残業時間を減らすこと」と簡単に結論づけたとしましょう。

でも、むしろフレックスタイムにして自由に働けるようにしたほうが効率が上がるかもしれません。残業をたくさんして収入をアップさせたい人もいるかもしれません。

さまざまな角度からもアプローチするほうが、妙案が浮かんできます。

まずは結論を先んじるより、思考を広げるほうが知的レベルは上がるのです。

とはいえ、漠然と「考える」といってもなかなか発想は広がりませんよね。

そんなときに、発想を広げるフレームワークがあると便利です。

ここでは**「オズボーンの発散発想チェックリスト」**を紹介します。

創造力の父ともいわれるアレックス・F・オズボーンによって考案された技法で、アイデアを強制的に連想する方法論です。

あるテーマに対して、あらかじめ定められた9つの質問に答えることで思考を拡張させます。

例えば、「チームの足を引っ張るメンバーがいて、その人に辞めてもらいたい」。そう結論づけたとします。

一度結論づけると、「いかにして辞めさせるか?」ということで頭がいっぱいになります。

そんなとき、次の9つの質問に答えてみます。

❶ 転用（ほかの道はないか？）

当チームでは難しいかもしれないが、ほかのチームで活躍できないか。

❷ 応用（似たような事例からアイデアを借用できないか？）

過去にこういったメンバーが活躍した事例はないだろうか。

❸変更（何かを変えてみては？）
チーム内の役割を変更してみてはどうか。

❹拡大（大きくしたらどうか？）
逆に役割を広げてみようか。もしかしたら責任感が強くなるかもしれない。

❺縮小（小さくしてみては？）
無理させすぎたかもしれないので役割を減らしてみようか。

❻代用（ほかの人にさせたら？）
彼の役割はアウトソースして、彼には新しいことをしてもらおうか。

❼再編成（パターンや組み合わせを変えてみては？）
これを機に組織内をガラッと変えてみてもいいかも。

❽逆転（反対を考えることはできないか？）
彼が辞めない職場環境を考えるほうが、今後の人材育成にとっては大切なことかもしれない。

❾統合（合体できないか？）
彼と誰かをペアにしてチーム制にしてみようか。

何が正解かはわかりません。

でも、辞めさせようとしている人の言葉と、ここまで考えてくれた人の言葉が同じ温もりなわけがありません。相手の心に届く温度感が違います。

この「オズボーンの発散発想チェックリスト」は、新商品の開発や業務改善など、いろいろなことに使えます。

早計に結論づける前に、まずは思考を拡大してみてください。

別のアングルからまったく違う結論が見えてくるので、「すぐに結論づけなくてよかった……」と胸をなでおろすこともあるでしょう。

結論に固執すると思考がフリーズして、後悔してしまうことがよくあるのです。

Mentality rule 2

発想を広げるフレームを持つ

メンタリティ❸〈安心〉

不安はコミュニケーションの猛毒

突然ですが、あなたはLINEの返信をどのくらい待てますか？

各種ファッション・Webメディアなどのアンケートを見ると、半数以上の人は「1日以上返信がないと遅い」と感じるそうです。

もちろん個人差はあると思いますが、やはり返信がないと不安になるのが普通だと思います。

ビジネスシーンでも、メールの返信がないと「ちゃんと届いているかな？」「変なことを言ってしまったかな……」「もしかしてスルーされている？」と不安になります。

1週間も返信がなければ、「なんで返信してこないの？」「あの人はルーズな人だ」

「もう信用できない！」と懐疑心まで出てきます。

「そんな大げさな……」と思うかもしれませんが、そうでもありません。

不安というものは、それだけ人間にとっては大敵なのです。

人間は原始時代から、天災・飢餓に怯え、猛獣と戦い、危険を回避して生きてきました。不安から避けようとするのは生きる上で当たり前のことで、不安に敏感になって当然です。

だから攻撃してくる上司、嫌味を言う先輩、いじってくる同僚など、自分を不安にさせるような人とは話したくもないし、会いたくもないのが本音です。

コミュニケーションにおいて不安は最大の天敵なのです。


最近、「心理的安全性」という言葉を頻繁に聞くようになりました。

ハーバードビジネススクールのエイミー・エドモンドソン教授により提唱され、Googleが実証実験でチームの最重要要素と位置づけた概念です。

心理的安全性とは、簡単に言うと「チームの誰もが、非難される不安を感じることなく、自分の考えや気持ちを率直に発言できる状態」を言います。

安心して話せる土壌があるからこそ、人はコミュニケーションを取ろうとします。

そこで、安心を提供する方法を紹介します。……といきたいところですが、これが非常に難しいです。なぜなら安心の感じ方は人それぞれ違うからです。

褒められると安心する人もいれば、褒められると裏がありそうだと怪しむ人もいます。叱咤激励されて喜ぶ人もいれば、否定されたと感じる人もいます。

こういうときは、反対から考えるとヒントが見えてきます。

安心ではなく、「人を不安にさせる人はどんな人か？」です。

これには共通点があります。

◆悪い情報だけを取りに行きがち

人の悪い面だけを取り入れる癖がある人は、人を不安にさせます。

こういう人は、相手を攻撃する言葉が無意識レベルで出てきます。

また、やたらと不満が多い人もそう。「エナジーバンパイア」と言って、それを聞く相手のエネルギーを奪っていきます。

誰だって、良い面も悪い面もあります。致命的な問題でなければ、あえて相手の悪いところも無視できる。これも相手に安心を与える一歩になります。

◆正論をかざしがち

正論が絶対に正解だと思っている人も、人を不安にさせます。

例えば、何度も同じミスをする人がいたとします。

その人に「対策が明確じゃないからミスを繰り返すんだろ！」と伝える。

まさに正論だと思います。

ただ、その人は何度も同じミスをして、それをやることに恐怖すら覚えているかもしれません。

そんなときこそ、あえて正論をかざさず、「どうしたらいいか自分でもわからなくなっているのでは？」と声をかけることができたらどうでしょう。

少しホッするような安心感を相手に与えることができます。

◆論破しがち

常に議論に勝とうとする人も、人を不安にさせます。

論破とは、文字通り「自分の論を通じて相手の説を破ること」を言います。

「相手を破る＝相手の敗北」を意味します。

敗北した相手はその後のコミュニケーションを避けるでしょう。

「また負かされるかもしれない……」と不安になるからです。

あえて論破せず、時には「たしかに○○さんの言う通りですね」と相手の意見に賛同したり、「○○さんとお話ししていて気づいたのですが」と相手の意見を踏まえた上で伝えたり、「おっしゃることはとてもよくわかります。ただ今回だけは私に賛同いただけないでしょうか？」と協力を仰いだり。

そうすることで相手を負かすことがなくなります。


ちょっとした一言や、たった数分のやりとりでも、不安は蓄積されていきます。

相手は口にしないだけで、不安や怒りは少しずつ確実に漏れています。

それが何かのきっかけで着火して爆発するのです。

だからこそ、相手の不安を察知する嗅覚が求められます。

なかなかハードルが高そうですが、実際に相手の不安がわからなくても、察しようとする姿勢が相手に安心を与えます。

「自分のことを気にしてくれている」、そんなメンタリティに人は優しさを感じるからです。

こういった相手の不安を見つめた先に、相手と心を響き合わせる瞬間がやってくるのです。

Mentality rule 3

相手の不安を俯瞰する

メンタリティ❹〈取捨〉

9割捨てて、1割話す

2023年まで、2年間ほどバラエティ番組に出演させていただきました。

このときに一番勉強になったのは、収録している時間よりも、収録していない時間です。

収録では、ゲストの方の入れ替えやセットの切り替えなど、ちょくちょく休憩が入ります。ここはテレビに映っていない時間帯です。

そのとき、話すのが上手なタレントさんほど、共演者の方に声をかけて相手の話を聞くのです。

「最近、どんな番組に出られているんですか？」

「この間、〇〇さんと出演されていましたよね？」

「ちなみに〇〇さんって、なんでそんなに天然なんですか？（笑）」

ほかにも、収録終了後に、タレントさんがスタッフの方と談笑するケースがあるのですが、意外とタレントさんよりスタッフの方のほうがしゃべっていて、その場がとても明るい雰囲気になります。

やはり売れる人は、話すのが上手いだけではなく、相手の話を聞ける能力が卓越していることに気づかされました。

「コミュニケーション力が高い人は、話が上手い人」、そういうイメージを持っている人が多いかもしれません。以前の私もそう思っていました。

それが原因で、20代の頃、商談の冒頭で一方的に話しすぎて5分で営業が終了したことが何度もあります。

「営業は上手く話せなくてはいけない」と勘違いしていたのです。

でも、営業の世界でトップを取るような人は、みなさんわかっています。

コミュニケーションにおいて話すことはほんの一部にすぎないと。

では、話す以外にどんなコミュニケーションがあるでしょうか?

仮に、目の前に悩んでいる人がいたとしましょう。

その人に、「こうするといいですよ」と**伝える**。

これもコミュニケーションのひとつです。

「それは大変ですね」と感じたことを**フィードバック**する。これもひとつ。

「そんなことになっていたなんて……」と、一言**つぶやく**、これもひとつ。

ほかにも、

「そうだったんですか……」と深く**聞く**こともできます。

「なぜそんなことになったのですか?」と**質問する**こともできます。

さらに、じっくり**頷く**ことで「話を受けとめている」という合図を送ることもできます。

アイコンタクトをすることで、真剣に聞こうとする姿勢を伝えることもできます。

あえて**間**を置くことで、相手が次に話し出すのを待つこともできます。

そして、相手と同じ**表情**をすることで相手の気持ちに共感することもできます。

ただ相手の気持ちを**感じ取る**ことに集中することもできます。

何が言いたいかというと、会話ひとつをとってもコミュニケーションの手段はたく

「伝える」以外にも9つのコミュニケーションがある

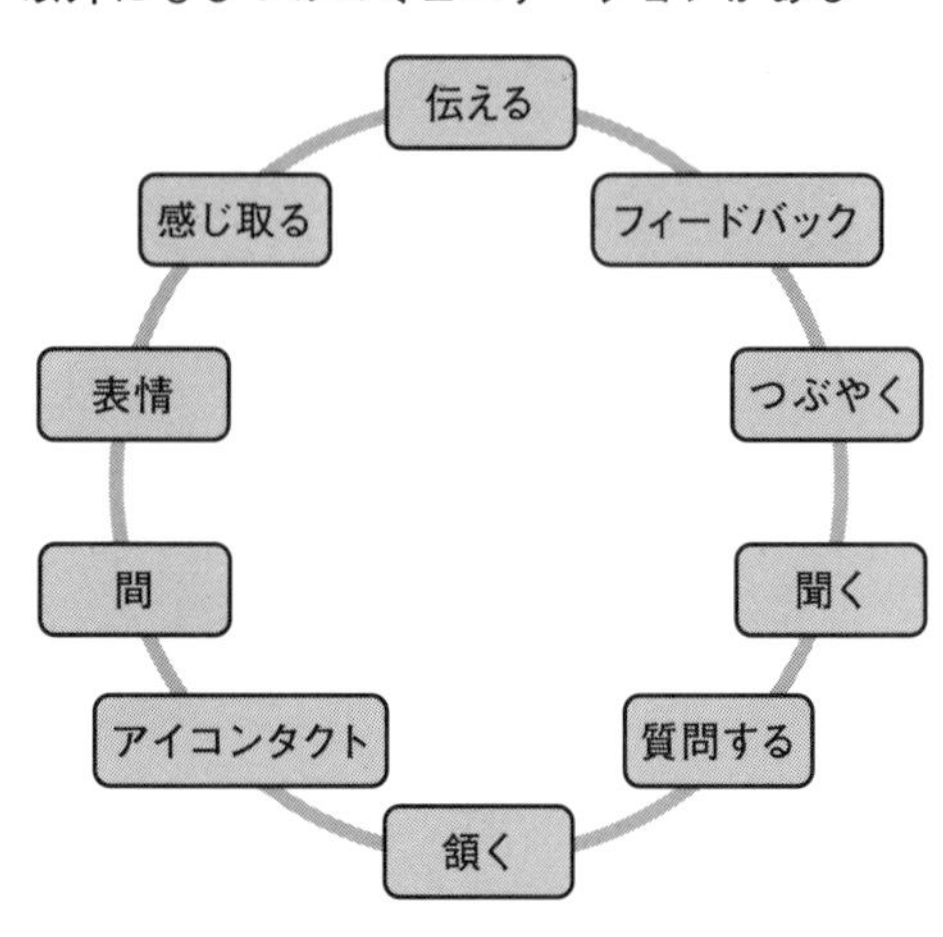

さんあるということです。

上の10個のサークル（図）を見てくださ
い。

先ほど紹介したように、「伝える」以外にも9個ものコミュニケーションが存在します。

本項目のテーマ「9割捨てて、1割話す」が言いたいことは、「話したい気持ちを9割捨てて、話すのは1割くらいの感覚で臨んだほうが、相手の話をしっかり受けとめることができる」ということ。

「何を話そう」から発想すると、あれもこれも話そうとして、どうしても足し算のコミュニケーションになります。

20代の頃の私の営業はまさにそうでし

た。

コミュニケーションはむしろ引き算で考えたほうが上手くいきます。

いかに自分が話す時間を減らし、相手に話してもらうかです。

これを意識すると相手のことが本当によく見えてきます。

忘れないでほしいのは、人は自分のことをよく見てくれている人を信頼するということ。

人の心を熱くするアクティブな会話は、話したいことを捨てる勇気からはじまるのです。

Mentality rule 4

「話す」を捨てると相手のことがよく見える

メンタリティ5〈想定〉

会話のプロは「一言多い」も「一言足りない」もない

当スクールには女性の講師が多く、よく婚活中の男性の指導をさせていただくことがあります。そこでデートにおけるエスコートの質問をよく受けます。

例えば「エレベーターでの女性へのエスコートの仕方は？」などです。

正解は「ドアが開いたら先に女性に乗ってもらい、男性は操作盤の前に立つ。階数に到着したら、先に女性に降りてもらい、あとから自分が出る」です。

では、お店の入り口で「どうぞ」と言ってドアを開けるのはエスコートでしょうか？　椅子を引いてあげるのはどうでしょう？　これ、外国人のようにスマートならいいかもしれませんが、中には「やりすぎ」と感じる方もいるようです。

歩いているときにバッグを持ってあげるのはどうでしょうか？

これも状況によりますよね。

普段の講座ではここで気づく人が多いです。

「大切なことはエスコートの仕方を暗記することより、相手にとってのベストを考えることだ」

と。そう、**相手の立場に立って思考する力**です。

ここまでにも何度も出てきておりますが、コミュニケーションにおいて、もっとも大事な力だといっても過言ではありません。

ところが、この大切な概念が、抽象的なスローガンで片づけられ、実際に「相手の立場に立って考えるにはどうしたらいいか？」に答えられる人は少ないです。

そこで、あえて言語化します。

当社が10万人のコミュニケーションをサポートし、たどり着いた答え……。

相手の立場に立って考える方法は**「シミュレーションシンキング」**です。

ロジカルシンキングは論理を掘り下げる思考法、ラテラルシンキングは考えを広げる思考法、シミュレーションシンキングは実際を想定する思考法。

すなわち相手の状況や状態を明確にイメージして想定することを意味します。

不朽の名作、世界中でベストセラーとなった書籍、デール・カーネギー著『人を動かす』（創元社刊）の「人を動かす3原則」のひとつが「人の立場に身を置く」ですが、まさにこのことです。

例えば、営業職の人なら、社内で商談の練習をする際、自分の営業トークを録音して聞くこと。それを聞いて「自分だったら買うだろうか」と顧客の気持ちになってシミュレーションします。

人前でスピーチするなら、練習で自分が話しているところをスマホで撮影して、聞き手がどんな気持ちで話を聞くだろうかと考えます。

当スクールではこういった客観視するトレーニングを頻繁におこなっていますが、実際やってみると9割の受講生が、「こんな営業では買いませんね……」とか「この話し方では聞き手は寝てしまいますね……」と自ら内省します。

ただ、これをやる受講生のセールストークやプレゼンは、別人のように生まれ変わります。答えは簡単で、相手の立場に身を置いて考えてみたからです。

会話のプロが「一言多い」も「一言足りない」もないのは、相手に憑依するレベルでシミュレーションをおこない、相手が聞きたい言葉、してほしいコミュニケーションを明確に掴んでいるからです。

〈3つのステップでシミュレーションする〉

ステップ1　情報を収集する

相手はどんな人？ どんな性格？
どんなニーズを持っている？

ステップ2　状況を把握する

それを伝えるときの相手の状態は？ どんな環境？
どんなタイミング？

ステップ3　反応を想定する

相手はどういう気持ちになる？ どんな顔をする？
どういう返答をする？

だから一発で相手の心を射貫けるのです。

シミュレーションの仕方は、上記のステップ1、2、3です。

そのシミュレーションが具体的であるほど臨場感が出てきます。そして相手とシンクロします。

普段から3つのステップを回している人は、ちょっとしたやりとりでも相手の立場に立って考える思考回路が回りはじめます。

仮に彼女から「どっちのネックレスがいいと思う？」と聞かれたとします。

瞬間的に相手のことを考える習慣がある人は、

❶自分の言いたいことはあえて引っ込めて、「どっちが気に入っているの？」と質問する
❷「こっちがいい！」と自分の意見を正直に伝える
❸「Aは色が素敵だね。Bは形が可愛いね」と、それぞれのいいところを伝えて決定の後押しをする

相手の状況によって❶❷❸の対応を変えます。

反対に、いつも「一言多い人」や「一言足りない人」は、自分の軸で話してしまうので、相手の心を打つことができません。

何かを説明するときも、プレゼンするときも、成功するのはいつだって相手の顔を思い浮かべる人です。

Mentality rule 5

シミュレーションをして一発で射貫く

メンタリティ❻〈問う〉

自問で疑問を解消する

では、どうしたらシミュレーション力を高めることができるのか?

例えば、部下のミスを指摘する場合、

「○○君は昨日遅くまで仕事をしていた。もしかしたら今日遅刻してくるかもしれない。もしそうだとしたらどうする?」

❶今回は何も言わずに様子を見る
❷やんわり忠告する
❸ズバッと指摘する

どれが正解ということではありませんが、事前に想定しておけば、いざその場面になっても、イラッとして口走ることも、思わず口論することもないでしょう。

このように想定力を高めるには、「**まるで相手と会話しているかのように頭の中で想像する**」ことがポイントです。

これを徹底的におこなっているのが通販番組です。

通販番組では、事前に視聴者の声を想像します。

そして番組の冒頭は、まず視聴者が共感するようなストーリーを展開していきます。

「**立ったり座ったりするのがきつくなってきましたよね……**」

「**布団の上げ下ろしがしんどいですよね……**」

「**階段の上り下りで息切れしますよね……**」

と。

そのあとに、「そういった運動不足を解消するにはコチラ！」と健康グッズが出てきます。

実際に視聴者と会話しているのではないかと思うほど緻密に設計しています。

私が小さい頃、実家には母が購入した健康グッズが溢れていました。結局、購入したあとは誰も使わなくなるのですが（笑）。

やはり売り方が上手いのです。

相手と会話しているかのように頭の中で想像するコツは「自問」です。**「本当にこれで伝わるだろうか？」と、疑問を持つこと。**

なぜなら、頭の中に「？」が浮かぶと解消したくなるからです。

私たちは、小さい頃からなぞなぞが好きだったり、大人になってもクイズ番組が好きだったりします。

「？」と出題されると、好奇心をかきたてられて思わず答えたくなるのです。

ミステリー小説なんかはずっと「？」「？」「？」が続くので、謎を解明しないと気がすまなくなり、最後まで読んでしまいます。

アメリカの心理学者・臨床心理士のロバート・マウラー氏は、その著書、『脳が教える！　1つの習慣』（講談社）の中で、

「あなたの脳をプログラムするもっとも強力な手段のひとつが、『小さな質問をする』というテクニックだ」

「質問は脳を目覚めさせ、喜ばせる。脳は、たとえばかばかしい質問だろうと奇妙な質問だろうと、質問を受け入れ、じっくり考えるのが好きなのだ」

と結論づけています。

問うことが想像力を刺激する、ということですね。

仮に、暴飲暴食が癖になっている人は、「これを食べたらどうなる？」と自問することができれば、そこに考える時間が生まれます。そうこうしているうちに血糖値が正常に戻って、食べたい気持ちがなくなるかもしれません。

資料を提出するときに、「このまま資料を提出したらどうなる？」と考えることができれば、ミスをして指摘されることも減るでしょう。

「いま、この一言を口にしたらどうなる？」と自ら問える人は、相手との摩擦を避け、その言葉を鞘（さや）に納めておくこともできるでしょう。

自ら問うからこそ、話すことも、あえて話さないこともできるのです。

そう考えると、ソクラテスが「権力とは何か？」「なぜそう思うのか？」と弟子に問うていたことも、お釈迦様がむやみやたらに説法をしなかったのも、よくわかります。

まさに自分に問うて、自分で答える。
自問自答が地頭を鍛えてくれるのです。

自分に問いかけた分だけ、脳内のシナプスがつながり、考える力が強化されます。
疑問が相手との関係を強靱にする架け橋になるのです。

Mentality rule 6

問うことで思考力を強化する

メンタリティ❼〈不戦〉

戦略的に逃避する

「百戦百勝」を目指すより、はるかに大切なことがあります。

それは「戦わずして勝つ」ことです。

私が20代の頃、営業成績がまったく上がらず、「どうしたら契約が取れるか」「いかに顧客を説得できるか」、そんなことばかり悩んでいたとき……。

ふと立ち寄った本屋さんで、たまたま手に取った本がありました。

それが『孫氏の兵法』です。そこには**「百戦百勝は善の善なる者にあらず。戦わずして人の兵を屈するは善の善なる者なり」**という言葉がありました。

一言で言うと「戦わずして勝つのが最善」ということです。

人間は窮地に追い込まれると、視野が狭くなり、「顧客を説得しなくては」「ライバル社に勝たなくては」と、まるで誰かと戦っているような感覚に陥ります。

でも、そんな戦闘モードの人からは、誰も何も買いたいとは思わないでしょう。

以来、私は、お客様と戦うのではなく、まるで雑談を楽しむかのように肩の力を抜いて会話するようになりました。「契約していただいても、契約していただかなくてもどっちでもいい。でも少しでもお力になりたい」と。

「勝負」ではなく「貢献」に思いを寄せたのです。

それから2年後、私は全国NO．1の売上達成率を叩き出すことになりました。


現在の当社のビジネススクールでも、「すべて戦う必要はない」というのが根本の思想にあります。

真面目な人ほど「全員と仲良くしなくてはいけない」「完璧にこなさなくてはいけない」「全部明確に答えなくてはいけない」と一生懸命です。

そんな気合が入った状態を続けると、いずれ疲弊し、精気を失います。

だから不調が続いている人には、がんばる方法よりも、「まず休んでください」とハッキリ伝えます。

あえて逃避することも、人生をよりよく生きる戦略のひとつです。

特に、人間関係に疲れている人には「**バウンダリー**」という概念をすすめます。

バウンダリーとは、心理学で「**自分と他者を区別する境界線**」のことを言います。

あなたが苦手・嫌いと感じる人は、あなたに危害を加えてくる人でしょう。

例えば、あなたに悪口を言ってきたり、嫌味を言ってきたり、陰口をたたいたり。

そういった人とは、真っ白のチョークで線を引くかのごとく、ハッキリ境界線を設けて会わないようにすることです。

「あえて話さない」「話さなくてもいい環境に身を置く」という選択です。

とはいっても、同じ職場やコミュニティなど、会わないのが難しいケースもあるでしょう。

そんなときは、ストレスマネジメントの「**スルースキル**」が有効です。

一言で言うと「**躱**(かわ)**す**」力のことを指します。

・「**この人は陰口が好きなんだ**」と聞き流す
・「オチがないね」と小バカにされたら、「**かもしれないです**」と軽くあしらう
・マウントを取ってくる人がいたら、「**さすがですね**」と取らせておく

・噂話が好きな人がいたら、**「そうなんですね」**と受け流す

中には苦手な人が直属の上司だったり、一緒に仕事をしなければいけない相手など、積極的に関わらないといけない人もいるでしょう。

そんなときは、行動療法のひとつである**「系統的脱感作法（けいとうてきだつかんさほう）」**が効果的です。

簡単に言うと、そういう人に**「少しずつ慣れる」**ことです。

泳げない人が、まずは洗面器に水を張って顔をつけるところからはじめるように、レベルの低い行動からアタックしていきます。

例えば、苦手な人が廊下の向こうから歩いてくるとします。

そんなときは会わないように通路変更したりせず、とりあえず挨拶だけはします。

もし遠目に苦手な人がいることがわかったら、とにかく会釈だけはしてみます。

エレベーターでバッタリ会ったら、「おつかれさまです」とひと声だけかけてみます。できればニコッとしてみます。

苦手な人が参加する会議なら、とりあえず近くに座ってみます。

慣れてきたら、会議の前後で苦手な人と少し雑談してみます。

ほんの1、2分です。

こうして少しずつ慣れることで、徐々に自分の警戒心が薄れていきます。
そのうち苦手な人とも自然に話せるタイミングがやってきます。

戦略的に逃避することも、自分の身を守る大事な手法です。

必ずしも正面突破しなくてもいいし、全部勝たなくてもいい。逃げるのもあり、躱す(かわす)のもあり、少しずつ慣れるのもあり。

こういった選択肢が心のゆとりを生み出してくれるのです。

Mentality rule 7

あえて戦わない戦略を選択する

Mentality

メンタリティ❽〈下を取る〉

相手の顔を立てる人が勝つ

「戦わずして勝つ」をもっとも実践したといわれる戦国武将がいます。

豊臣秀吉です。

農民から天下人にまで上り詰めた奇才。体も小さく、体力があるほうではなかった秀吉は、徹底的に「戦わずに勝つ」を考え抜いたそうです。

そして抜群のコミュニケーション力と人たらしと言われる人心掌握術で、朝廷や諸大名との交渉を見事にやりきり、天下統一を果たしました。

2023年のNHK大河ドラマ『どうする家康』の中で、秀吉の弟、豊臣秀長が語った言葉があります。

『人を知るには下から見上げるべし』。兄（秀吉）が昔からよう言っとりました。人は自分より下だと思う相手と対するとき、本性が表れると」

秀吉がみっともない訛りをわざと使い、ぶざまな猿を演じるのは、人の懐に入り込み、人心を掌握するためだといいます。

「人を知るには下から見上げるべし」

非常に含蓄ある言葉としてネットでよく紹介されました。

「自分が下になる」なんていうと、なんだか卑屈な感じもしますが、これは「相手の顔を立てる」ということと同意語です。

普通は自分が上になり、自分の顔を立ててほしいと願うものです。

よく社長同士が集まると「どっちが上？」合戦がはじまり、年商がいくらだとか資産がどうだとか、マウントの取り合いになることがあります。

奥様同士が集まると「うちの子は医大に進んで」とか「国立（こくりつ）の○○大学に入った」など、そんな自慢話がはじまることもあります。

当然のことだと思います。みんな承認してほしいのです。

だからです。その逆をやればいい。

みんな承認してほしいなら、率先して承認してあげればいいのです。

「私はすごいです」なんて自慢せず、「**すごいですね！**」と言ってあげればいい。

「感謝して」ではなく、「**ありがとう**」と伝えればいい。

「私の何が悪いの？」ではなく、「**心配かけてごめん**」と謝ればいい。

これらはすべて「相手の顔を立てる」ことです。

コミュニケーション力が突出している人は、まるで呼吸するかのように自分がしてほしいことを相手にします。


そうはいっても、難しいのは相手と考えが違うときです。

どうやって相手の顔を立てるか？

通常は「違います」と否定したり「それは無理です」と反論したくなるもの。

例えば上司から、「販路拡大のため、アプローチする企業を現在の100社から200社に増やそう！」と提案があったとします。

でも、現場は労働時間がギリギリで現状の100社でも疲弊している状況。

200社なんて、とてもじゃないけど無理……。

そこで「無理です」と言ってしまえば相手の顔をつぶすことになります。

でも提案は受け入れがたい……。

そんなとき、便利なのが**「If ○○ then ○○法」**です。

簡単にいうと「もし○○なら、○○」という構文です。

あえて真っ向から否定しません。

「**もし、**勤務時間がいまと変わらないなら、販路を拡大するのも**あり**だと思います」

「**もし、**人員を増員するなら、200社も**いける**と思います」

という伝え方。いわば「条件つき」です。

これなら相手の顔も立てていることになります。

「明日までにこの資料を仕上げてくれ」と言われて、「とてもじゃないけど忙しくて無理……」と思ったとき。

これも「If ○○ then ○○法」を使うと、

「**もし明後日まででよければ、可能です**」

「**もし○○の業務を後日に回してよければ、実施できそうです**」

「**もし○○さんに手伝ってもらってもよければ、期日までに可能です**」

となります。

パッと言葉が出てこないときもあると思いますが、「そうですね。もし……」と少し声に出してみてください。

「無理」→「もし」に変換するだけで実現の可能性を考える余白が生まれます。

意見が違うときでも相手の顔を立てる。これができたら本物です。

まさに**「下がるほど 人の見あぐる 藤の花」**。藤の花が下がるほどキレイな花だと人が見上げるように、人間も謙虚な人ほど立派な人だと敬われます。

相手を立てることで相手に喜んでもらえる。それが自分の喜びにもつながる。

器の大きい人とは、まさにそういう人だと思うのです。

Mentality rule 8

コミュニケーションは下から見上げる

第2章

「あえて話さない戦略」を実践する19のスキル

～「話す」を9割捨てれば、人生は格上げできる～

ここからは「あえて話さない戦略」を実践する具体的なスキルです。

「話すこと」を捨てることで、コミュニケーションにおける大事なエッセンスが見えてきます。

全米でベストセラーになった『エッセンシャル思考』（グレッグ・マキューン著／高橋璃子訳／かんき出版刊）には、99%の無駄を捨てて１％に集中する方法が書かれています。

キャッチコピーを作るコピーライターも、伝えたいことをそぎ落とし、短いフレーズに森羅万象を詰め込もうとします。

これらは膨大にある「言いたいこと」をあえて捨てることとイコールです。

捨てるからこそ拓ける世界があります。

この章では「あえて話さない戦略」を実践する方法をお伝えすることで、あなたの人生をワンランクアップするメソッドを具体的に展開していきます。

スキル❶〈ベース〉

スター選手が基本を愛する理由

ギリギリで勝負するアスリートの世界があります。

陸上ではゴールを切る数ミリで勝負が決まり、水泳では0.01秒の差が天国と地獄をわけます。格闘技もまさに倒すか倒されるかの真剣勝負。

だからこそ多くの観客を魅了するのだと思います。

なぜそれだけ素晴らしい試合ができるのか？

それは基本を重視するからです。

基本をおろそかにしているスター選手を見たことがありますか？

私はありません。

「大谷翔平選手みたいになりたいのですが、ポイントを3つ教えてください」なんて質問しても、簡単に答えられるようなものではありません。

バットを振る。ボールを投げる。体幹を鍛える。心を整える。しっかり栄養を補給する。休息する。そういった基本を徹底的にやったからこそ、いまの大谷選手があるわけで、基本なくして偉業なしです。

話すことも同じです。基本があります。

本書は「あえて話さない戦略」というタイトルですが、まずは話す基本から入りたいと思います。

話すときのもっともベーシックな型は、「総論↓各論↓具体論」です。この型を使えばビジネスシーンではほとんどのことが説明できます。

友達との他愛もない会話なら「あの映画観た？　やばくない？」↓「やばい！」で通じます。

「やばい」がよくないという意味なのか、最高という意味なのか、いちいち説明しなくても伝わります。

ところが、ビジネスシーンではちゃんと説明しないと伝わりません。

総論 映画の感想を伝えます。

各論 ポイントが2つあります。1点目は「見事な実写化」、2点目は「度肝を抜くアクション」。

具体論 1点目は具体的に〜。2点目は具体的に〜。

このように順序立てて話さないと、なんの話をしているのかわからなくなります。よく仕事では、次のようなわかりにくい話があります。

部下:「さきほど山田商事様から連絡がありまして、先日送付した商品の電源がつかないとのことで、当社から送付するときは電源のチェックをしてから送付しているので問題ないと思いますが、もしかすると輸送のときに何か問題があったかもしれなくて……」

上司:「ちょっと待って。これ、クレーム?」

部下:「あ、はい……」

なんの話かよくわからないケースです。

これを、さきほどの基本型にあてはめるとこうなります。

総論　山田商事様からクレームがありましたので進捗を報告します。

各論　先日送付した商品の電源が入らないという内容でした。

現在、輸送時のアクシデントについて調査しております。明後日までに再度山田商事様に連絡することになっております。

こうすると話がスッキリします。

この本自体も、

総論　あえて話さない戦略を伝える本

各論　①メンタリティ　②スキル　③トレーニング

具体論　それぞれ具体的な方法論を展開

という構造になっています。

構造を捉える行為は、物事を俯瞰する「メタ認知」そのものです。

〈伝え方の基本は、総論→各論→具体論〉

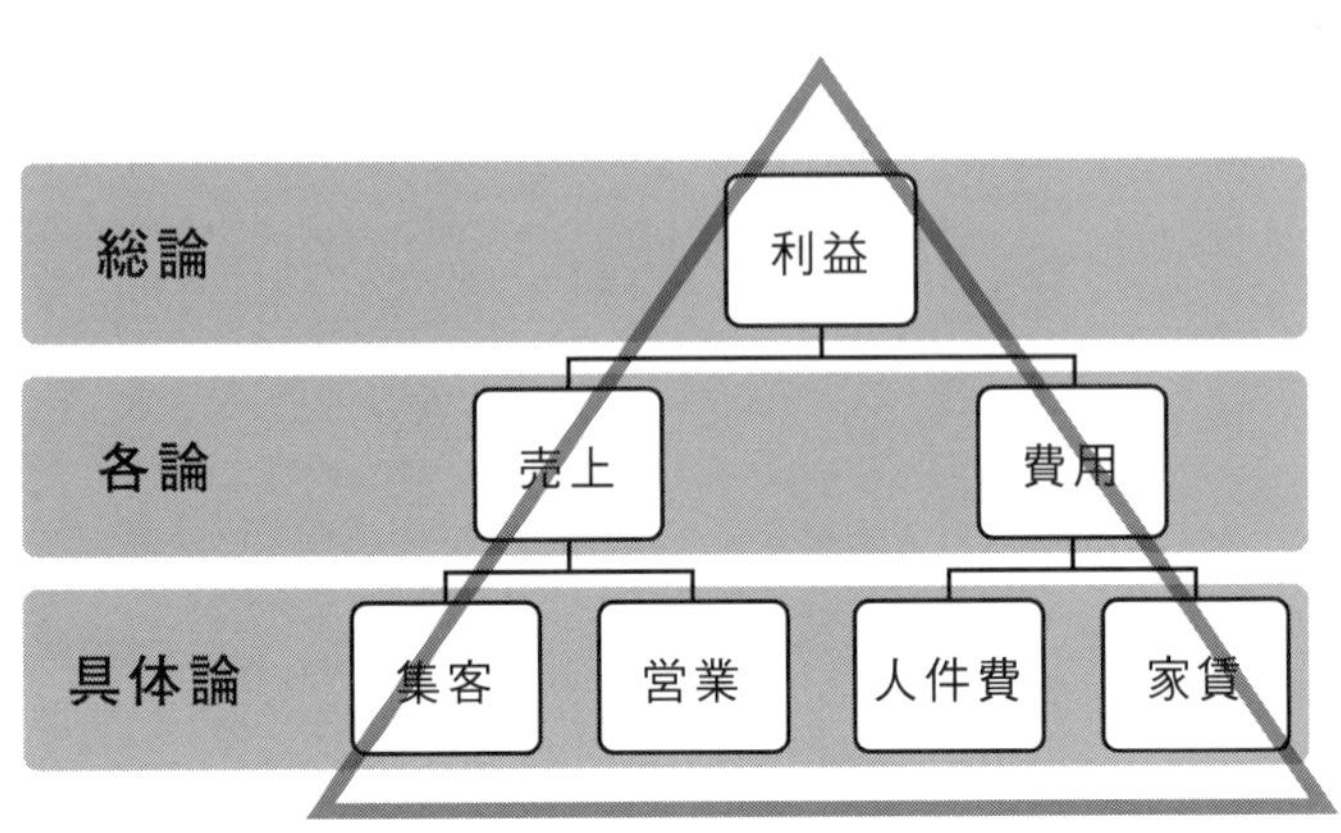

会社の利益を増やす提案をする場合も、

利益を増やす方法を提案する。

方法は2つ。1つ目は売上を上げること。2つ目は費用を抑えること。

具体論 ①売上については集客と営業を〇〇する。②費用については人件費と家賃を〇〇する。

こうして、構造を理解すると全体がよく見えてきます。

やり方はいたってシンプル。

not speak point 1

話す基本形を習得する

❶まずノートを開き、向かって左に総論、各論、具体論といった項目を書く
❷その隣に内容を埋めていく

図のようにピラミッド型をイメージすると構造が描きやすくなります。
まずは何事も基本から。基本が結実してはじめて能力が芽吹くのです。
それでは次ページから「あえて話さない」の具体的なスキルに入っていきます。

スキル❷〈フォーカス〉

ダイナミックに削るとマニアックなことも伝わる

専門的なことを一度に説明されると、まったく記憶に残らないことがあります。

以前、理学療法士（リハビリの専門家）の人とこんな会話をしました。

理学療法士：「桐生さんは股関節が硬いので自宅で鼠径部のストレッチをしてください。３つ教えますね。１つ目は膝を地面につけて～、２つ目は両膝を大きく開いて～、３つ目は両足の裏を合わせて～」

私：「あ、はい……」

理学療法士：「ぜひやってみてください」

こんなやりとりでした。

結局、私はひとつも覚えておらず、実践しませんでした。

とても丁寧に教えていただいたのですが、一度に説明されて覚えられなかったのと、専門用語も混ざっていて全然頭に入ってこなかったのです。

以前、柔術を習っていたときも、

先生：「左手を相手の首に回し、そのまま両足で相手の右手を挟み、胸で相手の体を抑えながら、相手の左手を自分の右手で取る。さぁ、やってみて」

私：「最初、なんでしたっけ？」

先生：「ちゃんと聞いてたの！」

と、怒られたことがありました。

たしかに覚えていない私が悪いのですが、専門的なことは1個ずつ説明してもらわないとまったく記憶に残らないのです。

マニアックな説明をするときほど、次の鉄則を守ってください。それは、

あえて自分が言いたいことは捨てる。そして相手が聞きたい言葉に絞る。

です。

例えば、2023年に多くのニュースに取り上げられた「インボイス制度」。

世の中が大変混乱した税制度の見直しです。

あまりなじみがない方もいるかもしれませんが、簡単に説明すると、

・インボイスとは適格請求書のこと
・課税事業者は登録番号を取得する必要があること
・適格請求書にもとづいて消費税の仕入控除税額を計算すること

です。

簡単に説明しても、これだけ専門的な言葉が並ぶので、まったく頭に入ってこないと思います。

この制度、最初はあまり気にしていなかった人も多かったようですが、「ちゃんと対応しないと、税金を多く払うことになる!」ということが世間に認知されてから、一斉に動き出す人が増えました。

専門的なことを言われても耳に入ってきませんが、自分にとって大事な情報、「税

金が高くなるかも⁉」という一言が人を動かすことがあるのです。

だからこそ、マニアックな説明ほど、**あえて自分が言いたいことは捨て、相手が聞きたい言葉に絞る**能力が求められます。

その能力を手に入れる具体的な方法は、**「発散から収束」**のプロセスを習得することです。

例えば子供にプログラミングを教えるとしましょう。

ステップ❶ 何を伝える？

＝プログラミングの歴史や可能性、言語の種類、論理的思考、具体的な操作方法など。

まずはたくさん発散する。

〈発散から収束のプロセス〉

ステップ 1　**何を伝える？**

まずは伝えたいことを箇条書きレベルで
たくさん書いて発散する

ステップ 2　**誰に伝える？**

相手が知りたいことにフォーカスする

ステップ 3　**どのように伝える？**

伝えたいことをダイナミックに削って
伝えたいことを収束させる

次に、

ステップ❷　誰に伝える？

＝プログラミングに興味を持ちはじめた小学生

と対象を定める。

最後に、

ステップ❸　どのように伝える？

＝とりあえず5分で作成できるゲームアプリをひとつ作ってみる

大胆にカットして伝えることを絞り込む。

このステップを踏むと、相手に届く一点突破する言葉が見えてきます。

not speak point 2

相手が聞きたい言葉に絞る

聞き手のことを考えて説明してくれる人に、人は安心を覚えます。
ちゃんと自分のことを認識してくれているからです。
だから言葉がすっと入ってきます。
聞く人のために、あえて自分が言いたいことを捨てることができる。
専門的なことほどダイナミックに削る勇気が求められます。

スキル❸〈仮説〉

「もしもの話」で相手から答えを引き出す

仕事をしていて「悔しい」と思ったことはありませんか？

チャンスを活かしきれない……。

何度チャレンジしても上手くいかない……。

同じミスを繰り返してしまう……。

失敗が続いているときほど、人の意識は失敗に向きます。

人間の脳は、意識すると、それにまつわる情報が入ってくるようにできているからです。

これを心理学では**「カラーバス効果」**といいます。

好きな人ができると無意識にその人を目で追ってしまう。それと同じく、失敗に意識が向くと、失敗にまつわる情報ばかり集めてしまい、だんだん視野が狭くなっていくのです。

本来は視野を広げたいですよね。視野を拡大すれば成功要因も見えてきます。

そこで、視野を広げる簡単な方法を紹介します。

それが仮説です。

・**もし、自分にこんな能力があったとしたら**、どうする？
・**もし、助けてくれる人がいるとしたら**、誰に助けてもらう？
・**もし、環境を変えることができるとしたら**、どう変える？

「もし、〇〇だったら」という問いかけ。

すべて仮の話です。でも、仮だからこそ発想が広がります。

小さい頃「もし大人になったら何になる？」と質問されたことはありませんか。

「絶対になりたいものを答えよ！」なんて言われたら答えにくいですが、仮の話なら答えやすいです。

「もし宝くじで1億円当たったらどうする？」。これも「え〜、1億円なんて当たるわけないじゃ～ん」と言いつつ、すでに頭の中では使い道を考えはじめたりします。

なんせ仮の話ですから、考えるだけならリスクはありません。

そして、ここが大事なポイント。一度考えはじめると、思いがけない自分の能力を発見したり、実際に助けてくれる人が見つかったり、環境を変える妙案が閃いたりします。

ほら、さきほどの話、**「人間の脳は意識すると情報が入ってくる」**でしたね。

例えば、あなたの知人で、「誰よりも働いているのに、なかなか結果が出ず、自分でもどうしたらいいかわからない……」と、悩む人がいたとします。

その人に「がんばれ！」と鼓舞しても、相手はよけいに疲弊します。

そんなときこそ、あえて激励せず、仮説を使って相手の可能性を引き出します。

「**もし、能力がひとつ身につくとしたら、**何を身につけたい？」

「**もし、アドバイスがもらえるとしたら、**誰からもらいたい？」

「**もし、憧れの〇〇さんだったら、**この状況をどう打開すると思う？」

「もし」からはじまる質問をすることで、その能力を身につけるための本をたまたまコンビニで発見したり、アドバイスをもらえる人と実際に会うことができたり、すでに憧れの人がYouTubeで解決策を語っていたりと、急に答えが飛び込んできます。

繰り返しますが、意識すると情報が入ってくるからです。

だからあえて話さず、仮説で励ます。

誰だって結果が出ないと、「このまま続けて、本当に結果が出るのだろうか……」と、不安になります。

不安が失敗につながり、その結果、また不安になり、やがて自信を失います。

そんなときこそ、自分の力を覚醒させてくれる人が近くにいたら、その人はどれだけ心強いか。

ぜひあなたにはそんな相手の希望になっていただきたいと願っています。

not speak point 3

あえて話さず仮説で励ます

スキル❹〈演繹法〉

前提をロックして、結論は相手の口から引き出す

「このペンをオレに売ってみろ！」。

『ウルフ・オブ・ウォールストリート』という映画の中で、レオナルド・ディカプリオ演じるジョーダン・ベルフォートがある男に言いました。

普通、ペンを売ろうとするなら、「このペンは書きやすくて……」「このペンの機能は最高で……」と、製品のよさを伝えようとするはずですが、ペンなんてどこにでもあります。すぐに「それほしい！」と言わせるのは至難の業です。

しかし、そのデキる男はテーブルにあったナプキンを指して、ディカプリオにこう言ったのです。

「そのナプキンに名前を書いてくれ」と。

ディカプリオが「ペンは？」と言うと、その男はすかさずペンを渡しました。

一瞬で需要と供給を作り出したのです。

たった一言でニーズを生み出したこのシーン。「まさにセールスの真髄だ」と瞬く間に営業マンに広がりました。

整理すると、こうなります。

前提 ナプキンに名前を書く
事実 ペンを持っていない
結論 だからペンがほしい

前提を設定して、事実をあてはめ、結論は相手から言ってもらう。

その男がやったのはこういうことです。

こういった前提に対し、事実をあてはめ、結論を導く方法を**「演繹法（えんえきほう）」**といいます。

この演繹法は、結論に説得力を持たせるために使います。

普段の会話でも、

前提　暑いと冷たいものが食べたくなるよね
事実　今日は38℃もあるからね
結論　今晩は冷麺にしよう

とか、

前提　広告費を増やすと申込が増える傾向にある
事実　先月は広告費をいつもの1.5倍にしたら、申込が1.5倍に増えた
結論　だから今月も広告費を1.5倍に増やそう

など。

結論だけを伝えるより、「前提があり、こういう事実にあてはめると、結論はこうなります」と伝えるほうが、説得力が生まれます。

この演繹法、相手の口から結論を導き出すときにも、ものすごく有効です。

例えば、上司から部下に「顧客満足度が下がっているから何か対策を打ちなさい！」と命令してしまうと、部下にとっては、やらされ仕事になります。

本来は部下の口から「何か対策を打ちたいです」と言ってもらえるのがベストです。
そのために演繹法を使います。
まず、前提をロックしていきます。

前提

上司：「今期はお客様に少しでも喜んでもらえるよう、いろいろ実施していきたいよね」
部下：「そうですね」

事実

上司：「先日のお客様アンケートでは65%は『満足』という回答だったんだ。でも35%は『不満』という結果だったんだ」
部下：「そうでしたね……」

結論

上司：「この結果をどう思う？」
部下：「35%も不満……。何か対策を打たないといけませんね」

こんなにスムーズにいくかわかりませんが、簡単に言うとこういう流れです。

いきなり上司から「対策を打ちなさい！」と言われたら部下のモチベーションはダダ下がり。やはり強制や賞罰といった外発的動機づけより、自ら語った内発的動機づけのほうが格段にアクションにつながるのです。

ほかにもこんなふうに使います。

〈例1〉人を選任するケース

Aさん：「遅刻しない人って信用できますよね」

Bさん：「たしかにできますね」

Aさん：「高木さんって一度も遅刻したことがないですよね」

Bさん：「たしかに高木さんは必ず時間を守りますね」

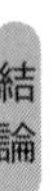

Aさん：「そろそろ高木さんに何か重要な役割をお任せしてもいいと思うのですが、どうでしょうか？」

Bさん：「そうですね。今度、会議の議事役をお願いしてみますか」

高木さんを推しているのはAさんですが、結論を口にしているのはBさんです。

〈例2〉整体の先生が次回の施術の予約を促すケース

前提

先生：「腰痛は痛みがなくなることもさることながら、再発させないことのほうが大事なんです」

患者：「たしかにその通りですね」

事実

先生：「現状、腰痛の再発率は60％とも言われています」

結論

患者：「そんなに？」

先生：「これは定期的なメンテナンスを怠る人が多いからなんです」
患者：「メンテナンスは大事ですね……。次回も予約させていただきますね」

人は自分で決めたい生き物です。

だからそれをサポートすべく、前提をロックして、事実をあてはめて、結論は相手から。

「前提→事実→結論」の演繹法が機能します。

人は、自ら発言し、行動するときに、よりチャレンジングになります。
ぜひ演繹法もあえて話さない戦略のひとつとして取り入れてみてください。

not speak point 4

演繹法を使って相手から結論を口にしてもらう

スキル❺〈帰納法〉

複数の事実を並べて、結論は相手の口から引き出す

論理的思考の二大巨塔といえば、前項の演繹法と、今回紹介する帰納法です。

帰納法とは複数の事実から結論を導く方法です。

例えば、

事実❶ 田中さんが犬を飼いはじめた
事実❷ 鈴木さんが猫を飼いはじめた
事実❸ 佐藤さんがインコを飼いはじめた
↓
結論 最近ペットを飼うのが流行っているらしい

このように、複数の事実を並べることで結論に説得力を持たせるやり方です。

この帰納法も、相手の口から結論を言ってもらうのに効果的です。

例えば、飲み会に誘うとき、「○日に飲み会があるんだけど来て」と、結論だけ伝えても相手は返答に困るでしょう。

参加を判断する理由がないからです。

そこで、

「○日に飲み会があるんだけど、A君もB君もC君も来るって（複数の事実）。D君も来ない？（結論を促す）」

複数の事実を並べてから結論を促すと、判断する材料があるため、D君も答えやすくなります。

社内で何か提案するときも、「○○しませんか？」と言うだけでは説得力がありません。

そこで、

「A社が携帯決済システムを導入しました（事実1）。B社も先日導入しました（事実2）。C社も導入に向けて動き出しています（事実3）。当社でも携帯決済システム導入について準備しませんか？（結論を促す）」

そう提案されるほうが相手もＹＥＳと言いやすくなります。

このように、複数の事実を並べて、結論はあえて相手から語ってもらうこと。

前項でも述べましたが、人は自ら口にした言葉のほうがアクションを起こすモチベーションが高いです。

複数の事実の部分には「出来事」「データ」「具体例」「経験」など、いろいろなものが入ります。事実以外にも「思い」「解釈」といった感情が入ることもあります。

これらはすべて結論を導くための理由です。

この理由は、相手が好むものであるほど、相手から自然に結論を導くことができます。

例えば、映画を観に行くにしても、興行収入で選ぶ人もいれば、話題性で選ぶ人もいます。出演者やストーリーで選ぶ人もいるし、いまの気分で選ぶ人もいるでしょう。

何かを決めるときの理由は人それぞれ。

〈「ソーシャルスタイル理論」の4つのスタイル〉

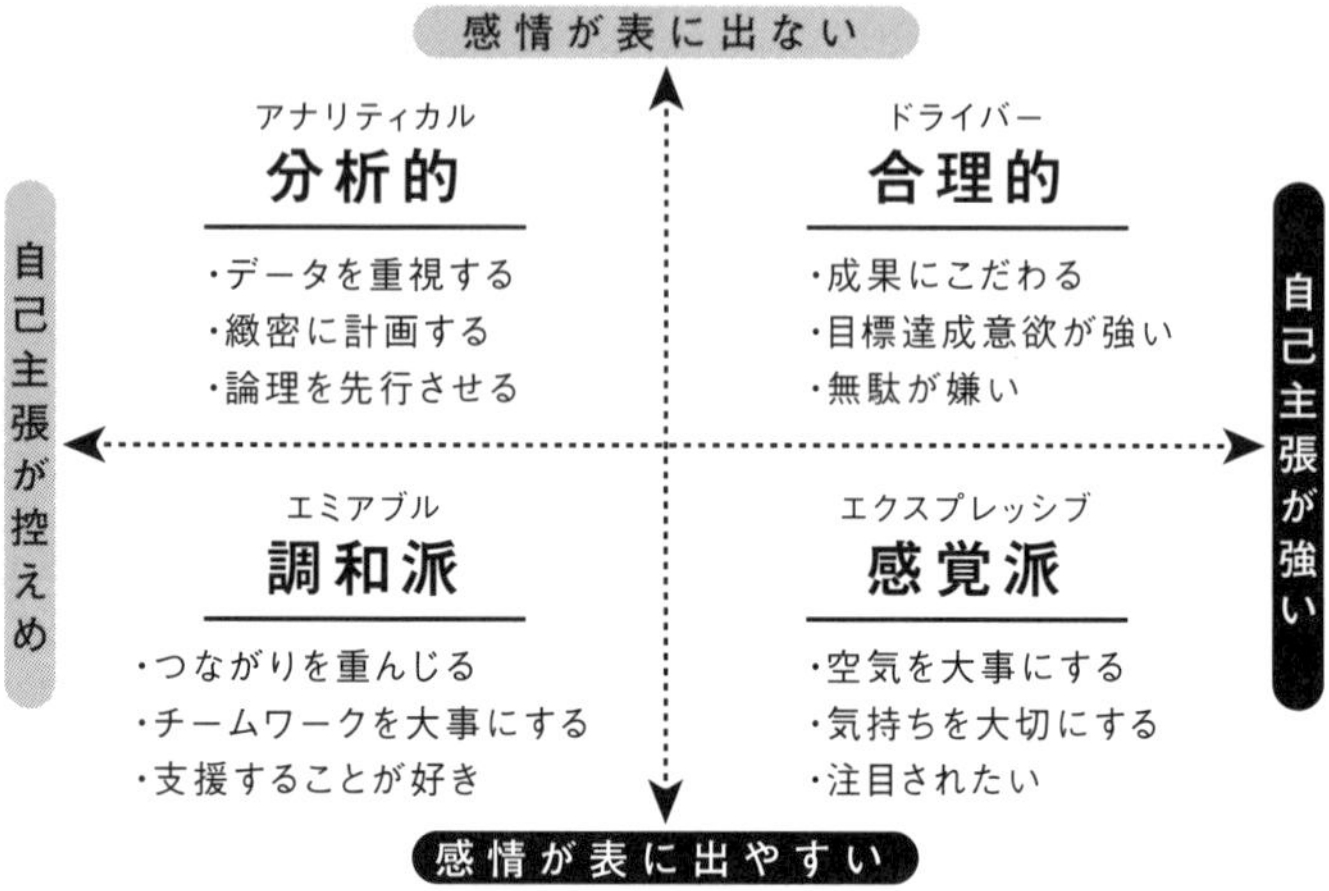

どんな理由が相手にとって最適か？

それをキャッチするには**「ソーシャルスタイル理論」**が、ひとつの尺度になります。

ソーシャルスタイル理論は1968年にアメリカの産業心理学者、デビッド・メリル氏が提唱し、世界中に広がったコミュニケーション理論で、人の言動を4つのスタイルにわけて分析し、相手が望ましいと感じる対応を選択する方法です。

人の言動を単純に4つにわけることはできませんが、こういった基準があると相手が好む理由を考えるきっかけになります。

仮に、自社の社長に「社員旅行に行きましょう」と提案するとします。

あなたの会社の社長は、ドライバー（合

理的）、アナリティカル（分析的）、エクスプレッシブ（感覚派）、エミアブル（調和派）のうち、どの傾向が強いですか？

社員旅行に行くには、行くための理由が必要です。

それぞれどんな理由を伝えると「YES」と言ってもらえるか考えてみましょう。

◆ドライバー（合理的）の社長だったら？

・社員旅行という、いつもと違う環境で「新規事業のアイデア会議」を開催することを提案する
・社員旅行を教育の場と捉え、「経営マインドを醸成する研修」を実施することを提案する

↓社員旅行をただ楽しむのではなく、その後の会社運営に活きるような合理的な機会として提案する。

◆アナリティカル（分析的）の社長だったら？

・社員旅行が仕事の生産性向上に大きく貢献するという事例を紹介する

・社員旅行のような福利厚生の拡充が愛社精神の向上につながるデータを説明する

↓数字を使って社員旅行の必要性を提案する。

◆エクスプレッシブ（感覚派）の社長だったら？

・ワクワクできる体験を組み込んだ提案をする（例）スカイダイビング、サバイバルゲーム、ゴムボートで川下り

・一生に一度しか経験できないことを実施して、まわりから「おもしろい会社ですね！」と言われるようなプログラムを示す

↓思い出に残る社員旅行を企画して楽しさを提案する。

◆エミアブル（調和派）の社長だったら？

・社員旅行を通じて自社の理念や存在意義を伝える場を作る

・仲間意識を強化する企画を提案する（例）チーム対抗のカレー作り、課対抗歌合戦、感謝選手権など

↓深い絆が生まれる社員旅行を提案する。

こうして相手が好む理由を提示することで、相手の口から「YES」という結論を導きやすくなります。

人それぞれ響くポイントが異なります。

今回は社長に提案するという例でしたが、あなたの上司、部下、チームメンバー、担当するお客様はどんな志向性が強いですか？

相手からよりよい結論を導くには、まずは相手のタイプを知ることです。

not speak point 5

帰納法を使って相手から結論を口にしてもらう

スキル❻〈背理法〉

矛盾を明らかにして、結論は相手の口から引き出す

「結論は相手の口から」シリーズの最後になります。

演繹法、帰納法ときたら、どうしてもこれを紹介しなければいけません。**「背理法（はいりほう）」**です。

演繹法、帰納法ほどではないですが、これもビジネスシーンでよく登場します。

背理法とは、厳密に言うと「ある命題を証明するのに、その命題が成り立たないと矛盾が生じるので、その命題は正しいとする」という証明方法です。

難しすぎますね。

簡単に言うと**「一方を否定することで、一方を肯定する」**やり方です。

例えば、「道が右と左にわかれています。右に行くと行き止まりです。だから左に進みましょう」みたいな論法です。

一瞬納得してしまいそうですが、よく考えると右は行き止まりかもしれませんが、左は崖かもしれません。

なのに、一方を否定することで、一方が正しく聞こえる。なんの説明もされていないのに、です。

このように背理法は、相手の主張の矛盾を指摘したり、否定したりすることで、自分の主張が正しい理由を説明せずとも、自分の主張を通してしまう方法です。

日常の会話だとこんな感じ。

例えば、「明日の外食はお寿司にする？　焼肉にする？」。

お寿司にしたいという場合、

「焼肉、いいね。最近全然食べてなかったし。でもダイエット中って言ってなかったっけ？　焼肉はカロリーが高いし、脂質も多いし、次の日むくみそう……」

と、1回焼肉に乗った上で、さりげなく否定します。

それで相手から、「たしかに……。それじゃ、お寿司にしよう」と結論を導くやり方です。

これ、焼肉のデメリットを伝えただけで、お寿司にすべき理由は一切説明していません。

AとBがあって、Aを推したい場合、あえてBに乗っかり、矛盾を指摘する。そして相手からAという結論を導く。

あえて話さず、相手から話してもらう。こういった会話の進め方もあるのです。会社でありそうな事例を見ていきましょう。

◆事例❶「うちの商品は高くて売れない……」と嘆く人に伝えるケース

「うちの商品は価格が高いし、この地域は収入レベルも低いので、当社の商品は売れないです……」と愚痴をこぼしている人がいたとします。

その主張にどんな矛盾が生じるかを考えます。

「たしかに価格が高いという声は聞くね。でも高いという人は何と比べて高いと言っているんだろうね?」

実は、つきつめると高いというのは感覚値で、ほかと比べても遜色ない価格だったりすることがあります。

「そうだね。収入レベルが低いというのもあるかもね。でも同じような収入地域でも売れているところは売れているし、収入エリアが高いところでも売れていない地域がある。それはなぜだろう？」

地域の収入格差と販売数は相関しないことがわかることもあります。

言い逃れできないように問い詰めることが目的ではなく、1回相手の主張を受けとめた上で、矛盾に気づいてもらうことが大切です。

◆事例❷ 社員を採用するケース

破天荒なAさんと、真面目なBさん。

どちらか1人を採用するケースで、真面目なBさんを推したい場合。

「Aさんは型破りというか、独立心も旺盛で、目標意欲も高くて、おもしろい人物ですね。1人のプレイヤーとしてはまったく申し分ないと思います。ただ、いまの当社に足りないのはチームワークだと思うんです。個性を殺してでもチームのために動くことができる人材が必要です。もしAさんを採用したら、Aさんのよさをつぶしてしまいそうな気がします」

「そうですね。やはり現状を考えるとBさんのほうがよさそうですね」という結論を相手から導きます。

仕事をしていれば意見が対立することはよくあります。

むしろ意見の対立があるほうが健全で、全員が同じ意見という組織に成長も発展もありません。

とはいえ、自分の主張だけを懇切丁寧に説明しても納得してもらえないことも多々あります。

そんなときの背理法です。

相手の主張の矛盾を指摘するというと悪いイメージがあるかもしれませんが、決して悪手ではありません。

指摘とは、問題となる事柄を取り上げてさし示すことであり、放置したまま突っ走るほうが問題になります。

not speak point 6

背理法を使って相手から結論を口にしてもらう

演繹法、帰納法、背理法と3つ続けて、「あえて話さず、相手から結論を口にしてもらう方法」を紹介しました。

大相撲の横綱は、突き出し、押し出し、寄り切りなど、決まり手のバリエーションが豊富です。

議論に強い人も、やはりいろんな決まり手を持っています。

今回紹介した3つの論法、ぜひ折に触れて活用してみてください。

スキル❼〈空白〉

あえて話さないから続きが気になる

今回は「コンビニ弁当」と「チームプレイ」について。
結束の固い組織を作るには、この2つの関係性を学ぶことが大切です。

……と聞いて、どんな話をするのか想像できたでしょうか？
これだけでピンときたら相当の想像力の持ち主です（笑）。
普通は「どんな関係があるの？」と思われると思います。
そう、この聞き手に「？」を作ることこそが今回の本題です。
「続きが気になる」を作るのです。
映画のコピーがよい例です。
「全米が泣いた！　アカデミー賞最有力候補！」

「ラスト5分で明かされる衝撃の真実」

みたいなコピーを見かけたことがありませんか。

「衝撃の真実ってなんだろう?」と思い、興味を持つ人が多いです。

テレビドラマも大体、「次回、どうなる?」というところで終わります。

クイズ番組も「答えはCMのあとで」といってCMに入ります。答えが気になるのでチャンネルはそのままです。

これらすべて、相手の頭の中に「?」を残しています。

話に惹きつけられる人、話がおもしろい人は、「続きが気になる」を引き出す話術に長けています。

「?」が知りたくて、もっと話が聞きたくなるのです。

これを心理学では**「ツァイガルニク効果」**といいます。

「途中で中断した事柄ほど続きが気になる」という心理現象です。

あえて話さず、相手の頭に「?」を作る。

これが相手を聞く気にさせる技です。

では、どうやって相手の頭の中に「?」を作るか?
3つのステップでおこないます。

ステップ❶：「結論」と「詳細」を書く
ステップ❷：「詳細」から伝える
ステップ❸：「結論」を「?」で隠す

具体例を紹介します。

ステップ❶：「結論」と「詳細」を書く
「結論」：革命的なデバイス「iPhone」を紹介する
「詳細」：①ワイド画面・タッチ操作のiPod／②革命的携帯電話／③画期的ネット通信機器。以上、3つの機能を有している

ステップ❷：「詳細」から伝える
「本日、革命的な新製品を3つ発表します。
1つ目は、ワイド画面・タッチ操作のiPod。2つ目は、革命的携帯電話。3つ目

は、画期的ネット通信機器です」

ステップ❸:「結論」を「?」で隠す

「結論」は?

「iPod、電話、画期的ネット通信機器。iPod、電話、おわかりですね?独立した3つの機器ではなく、ひとつなのです。それは……?」

こうやって聴衆が息をのむ中、発表されたのが、初代iPhoneでした。これは史上最高峰として、いまでも語り継がれている2007年のスティーブ・ジョブズ氏のプレゼンです。

普段の会話でも、例えば、

「私は人見知りで、あがり症で、コミュニケーションが苦手なんです」と先に詳細を伝えて、「私の職種はなんだと思いますか?」と結論を隠す。

普通はあまり人と関わらない仕事だと想像しますよね。

でも、

「**営業なんです**」（結論）

と言われたら、「えっ？　そうなの!?」とビックリしませんか。

「いまや、国民の２人に１人が罹る病気があります。なんだかご存知でしょうか？」

（結論を「？」で隠す）

「**それは……ガンです**」（結論）

こういった保険の宣伝を見かけることがあります。

「老後に必要な資金は、食費、通信費、光熱費、交通費、保険料、娯楽費など、トータルでいくら必要になると思いますか？」（結論を「？」で隠す）

「**それは……2000万円です**」（結論）

２０１９年に大きな話題になった老後２０００万円問題です。

あえて結論を話さず、相手の頭の中に「？」を作る。それから結論を伝える。

そういった一工夫を加えるだけで、十分聞き手を前のめりにさせることができます。

ちなみに、冒頭の「コンビニ弁当」と「チームプレイ」の話。

実は、私は実際にコンビニ弁当の製造ラインで働いたことがあります。

10人が1列に並び、流れてくるお弁当箱に、ひとつずつおかずを詰めていきます。秒単位でどんどんお弁当箱が流れてくるため、10人で見事に息を合わせないとお弁当がぐちゃぐちゃになります。そのため、前列の人の様子を確認し、後列の人のサポートをするといったことを秒単位でおこなう必要があります。

そのおかげか、まったく知らないアルバイトの人ともすぐに仲良くなりました。

チームプレイを勉強するなら、若いうちにコンビニ弁当の製造のアルバイトを経験しておくことをおすすめします。

not speak point 7

結論を「?」に変えて興味を誘発する

スキル8〈メタファー〉

ストレートに言わないほうが直に伝わる

突然ですが、白雪姫はなぜ「白雪姫」という名前だと思いますか？

それは雪のように真っ白な肌をしていたからです。

こういった比喩を使った表現を**「メタファー（隠喩）」**といいます。

あえてストレートに言わず、別のものに変換することで、物事をわかりやすく伝える技法です。

メタファーの威力は、わかりやすさだけではありません。商品の売上だって大きく変えることができます。

「鼻セレブ」というティッシュペーパーをご存知でしょうか？

ネピアが発売したもので、当初は「ネピアモイスチャーティシュ」という名前でした。

それが「鼻セレブ」に名前を変えてから、なんと売上が10倍。

1箱300円近くする高級ティッシュが爆発的にヒットしたのです。

実際に鼻がセレブになるわけではないのですが、これも見事なメタファーです。

メタファーの伝達力たるや強力で、身近なものにも頻繁に使われています。

例えばパソコンで使う「マウス」。あればネズミに例えています。

パソコンでいう「フリーズ」という言葉も、実際に凍るわけではないのですが、そう表現します。

ギャグでスベることを「寒い」と言いますね。別に温度が下がるわけではありませんが、そう表現したほうが、状況が伝わります。

メタファーを活用すると、長い説明が不要で、かつパッとイメージできるので聞き手にとっては非常にありがたいです。

仮に、「食用コオロギってどんな味ですか?」と聞いて、その説明が5分も続いたら……。話が長すぎて「聞かなきゃよかった」と後悔しそうですよね。

でも、たった一言、「桜えびですね」と言われたらどうでしょう。

一瞬でイメージできますね。

別のものに例えることが、圧倒的な伝達の速さを生み出し、相手の理解度を促進させる。

これがメタファーの力です。

では、どうしたらメタファーを上手く使えるか？

これはいろんなビジネス書に方法論が書かれています。ネットやYouTubeで検索すると「メタファーの作り方　５つのステップ」なるものが何本もアップされています。

これらが言っていることをあえて1行で表現するとこうなります。

「抽象化して近似値をぶつける」です。

例題だと思ってお付き合いください。

いまから人前で発表する人がいたとします。

その人に「がんばれ」と伝えたい。これを別の言い方に例えてみましょう。

まず抽象化です。全力でがんばろうとしているその人を俯瞰します。

その人と同じように「全力でがんばる光景」に似ているものはありませんか？
そして近似値をぶつけます
野球に例えるなら「フルスイングで伝えよう」とエールを送ることもできます。
サッカーなら「思いきり点を取っていこう」と伝えることもできるでしょう。
「失敗しても大丈夫。骨は俺が拾うから（笑）」。
思わずクスッと笑えるようなものもありかもしれません。
これらすべて例えです。でも、ただの「がんばれ」よりも心に響くと思いませんか。

なかなか例えが思いつかない人は、いきなり近似値を探そうとします。

でも、よく考えてみてください。

『ウォーリーをさがせ！』だって「百人一首」だって、目の前だけを見ていたら、決して答えは見つかりません。

まずはその人を俯瞰して、「どんな状況に置かれているか」を一歩引いて客観的に捉えるからこそ似ているものが見えてきます。

人を怒るにしても「もっと急いでよ！」より、「**このペースだと明日になっちゃうよ**」のほうが、少し言い方がマイルドになると思います。実際に明日になることはなかったとしても、です。

「静かにしろ！」よりも、「**お口にチャックね**」のほうがちょっと言い方がチャーミングで、「すみません……」と素直に謝れるかもしれません。

人間関係に彩を与えるのも、またメタファーの力です。

ぜひ、「抽象化して近似値をぶつける」にチャレンジしてみてください。

not speak point 8

あえて別のものに変換する

スキル❾〈ノンバーバル〉

言語化しないほうが感動する

言葉にしなくても伝わる方法があります。それが非言語です。

非言語とは、表情や身振り手振り、しぐさ、声のトーンなど、言葉以外で相手に思いを伝えたり、相手の気持ちを汲み取ったりするコミュニケーションです。

「選挙中、政治家がもっとも重要視しているものは何か？　それは政策を語ることでも、上手に演説することでもない。握手だ」

そう語る選挙コンサルタントの方がいました。握手もまさに非言語の世界です。

当スクールの講師には、役者出身で、もともと劇団や舞台で活躍されていた人もいます。役者の方の演技力は本当にすごいです。

もちろんセリフ（言語）の力もありますが、たったひとつの表情やしぐさで、思わず感情移入してしまう演技力があります。表情以外にも、目線の使い方、伝えるときの間など、あらゆる非言語を駆使して感動を与えます。

そう考えると、言葉で伝えるというのはコミュニケーションの中のたったひとつにすぎないことに気づきます。

裏を返せば、非言語を強化すれば、もっと伝わるということです。

当スクールには、非言語を強化する変わったトレーニングがあります。

それは「パントマイムトレーニング」です。パントマイムとは、セリフを使わず、身振りと表情だけで表現する方法で、いわば「黙劇」です。

受講生に、言葉を使わず、動作と表情だけで何かを伝えてもらいます。

それを見ている人が、「楽しかった旅行の話」「普段やっている運動の紹介」「最近あった切なかった出来事」など、なんの話をしているのかを当てていきます。よく伝わる人は、非言語での表現が優れている人です。

メチャメチャ難しそうですが、結構当たります。

なぜかというとパントマイムにも基本があるからです。

それは**「緊張と緩和」**です。ないはずの壁があるように見えたり、操り人形に見えたりするパントマイムがありますが、これも適時、力を入れたり（緊張）、力を抜いたりするから（緩和）、ないものがあるように見えているのです。

緊張と緩和は非言語の核です。緊張と緩和を意識すると、普段の会話もさることながら、プレゼンやスピーチでも何倍も伝わるようになります。

そこで緊張と緩和の具体例を5つ紹介します。

◆声色：

相手に対して厳しい口調で「間違ってますよ！」と指摘したら、相手は萎縮してしまいます。そこで明るいトーンで「**間違ってますよ**(^_^)」と伝えます。

怒るような内容（緊張）を、明るいトーンで伝えられたら（緩和）、相手の受けとめ方は変わります。緊張するようなことをあえて緩和して伝える方法です。

◆動作：

プレゼンでハンドジェスチャーを使うときがあります。

聞き手に物の大きさや量、形などを視覚的に示すときです。**手を広げるときは、あえてグッと手を閉じてから**（緊張）**、手を開いた**（緩和）**ほうが大きく見えます。**

力を入れて、パッと開放するようなイメージです。これも緊張と緩和です。

◆表情：

表情にも変化が必要で、ずっと同じ表情をしていると感情が伝わりづらいです。**真剣な眼差しで話を聞くときもあれば、満面の笑みで話を聞くときもある。**

あえて堅い表情をしたあとに（緊張）、「**よかったじゃない(^_^)**」（緩和）と笑みを浮かべる。

「怒られると思ったら、喜んでもらえた」というギャップが喜びを倍増させます。

◆アイコンタクト：

「目は口ほどにものを言う」とはよく言ったものです。

やたらと目が合ったり、逆に目を逸らされたりするだけで、人は何かを感じ取ります。アイコンタクトも大事な非言語です。

商談のクロージングで「契約してください」と伝えるときは、熱意を伝えるために目線を合わせる（緊張）。そして相手が考えはじめたら目線を外す（緩和）。ずっと目を見られていたら、おちおち考えられないからです。これも緊張からの緩和です。

◆**間**（ま）：

コーチングやカウンセリングでは、会話の最中に意図的に「間」を入れて、相手に考えてもらう時間を作ることがあります。**その間が、自分の考えを整理する時間になるからです。**

よく上司の方に、

「もし一方的に部下を指摘してしまったら（緊張）、**少し間をあけて（緩和）、『ところで、実際のところ、何があったの？』**と聞いてあげてください」

とお願いしています。

指摘ばかりだと緊張が続きます。そこに間を入れると、緊張が止まります。間が緩和になり、「実は……」と部下が話しやすくなります。

以上、非言語における緊張と緩和の具体例をお伝えしました。
最近ではオンラインで会話することが多くなりましたが、ぜひ画面に映っている自分の顔にどのくらい変化があるか確認してみてください。
また、プレゼンやスピーチなど、人前で話す練習をするときは、鏡の前で立って話してみてください。表情や動作など、自分がどれだけ非言語を駆使しているかよく理解できます。

「言語」VS「言語」＋「非言語」なら、圧倒的に後者に軍配が上がります。伝える情報量が格段に増えるからです。

非言語を習得すれば、あなたのコミュニケーションは確実に一段フェーズが上がります。

not speak point 9

あえて言葉にせず非言語を駆使する

スキル⑩〈ストーリー〉

本物のプレゼンテーターは説明しない

**私がピアノの前に座るとみんなが笑った。
でもピアノを弾きはじめると……！**

これは伝説のコピーライター、ジョン・ケープルズが1925年に書いたセールスレターの冒頭です。音楽学校の広告として書いたものですが、このコピーは爆発的な売上を伸ばし、世界中のコピーライターが模倣する世界一有名なキャッチコピーとして知られるようになりました。

なぜ、それだけ広まったのでしょうか？

それは音楽学校のことをちゃんと説明したから、ではなく、**ストーリーを語ったから**です。

このコピーのストーリーを要約するとこんな感じです。

・青年がピアノの前に立った
・みんなが「あいつが弾けるわけがないだろ」と鼻で笑った
・しかし青年がピアノを弾きはじめるとみんなは圧倒された
・まわりから「なぜそんなにピアノが弾けるようになったのか？」と聞かれた

そして音楽学校を案内するという広告です。

一見ありそうなストーリーですが、これ、いまから100年も前のコピーです。

映画やドラマのように「えっ！　ありえない！」みたいな、どんでん返しが人の心を惹きつけることを、今ほどマーケティングやコピーライティングが存在していない当時から知っていたのです。

試しに、あなたの中で記憶に残る映画やドラマを思い出してみてください。

貧乏な学生が世界をひっくり返す大企業を作ったり、平和な町に突然ゴジラが現れたり、朝起きたら男女が入れ替わっていたり。

何気ない日常から、驚くような非日常が展開されていると思います。

まさにドラマが起きるから、人は好奇心がかきたてられるのです。

それを知っているからこそ、本物のプレゼンテーターは、プレゼンの冒頭でいきなり商品の説明をしません。

まだ聞き手が興味もないのに、「この商品はとても素晴らしく」「性能が抜群で」「値段も安く」なんて説明しても誰も話を聞いていないからです。

まずドラマを起こします。

ドラマには公式があります。

Before↓ビッグバン↓Afterです。

普通の状態（Before）に、ビッグバンのような大きな出来事を起こし、新しい世界（After）を作ること。

例えば、本を紹介するとしましょう。

悪い例は、「この本は営業について書かれていて、200ページで、価格は1500円で……」と説明することです。これでは誰も聞いてくれません。ドラマを起こすとこうなります。

「以前、本屋さんにふらっと立ち寄ったら、『営業の未経験者が1ヶ月で5件契約が取れるマル秘話法』という本がありました。営業職になりたての私はいかにも『うさんくせ～』と思ったのですが、『もしあなたが営業未経験者なら、ひとつだけ絶対に覚えておいてください』という言葉が胸に刺さり、結局購入しました。結果、この本のおかげで私は営業成績で全国トップになりました。いまでもボロボロになるまで読み込んでいます。

その本に書かれていた、たったひとつのこととは……」

というエピソードがあると、なんだか聞いてみたくなりませんか。

Before（営業未経験の私）↓ビッグバン（本との出会い）↓After（全国トップ）

というストーリーです。

「そんなストーリー、私にはない……」という方もいますが、ちょっとしたことで十分です。

例えば、面接でも、せっかく国家資格を持っているのに、「○○の資格を取りました」とだけ説明する人がいます。非常にもったいないです。

「もともと勉強が嫌いで、教科書も読んだことがありませんでした。でも、人が安心して暮らせる住まいを提供したいと思い、**生まれてはじめて本気で勉強して取得したのが宅地建物取引士です**」

Before（勉強嫌い）→ビッグバン（安心して暮らせる住まいを提供したい）→After（宅建を取得）

こう話すほうが、その方の努力が目に浮かんできます。

多くの人はAfterしか語りません。でも、よく考えてみてください。

Afterが生まれたということはBeforeも存在したということです。

そして変化が生まれたということは何かしらビッグバンもあったはず。

ここで、ひとつチャレンジしみてください。

「あなたの会社の商品について」

Ｑ１：もともとどんな商品でしたか？
Ｑ２：現在はどんな商品ですか？

最初からずっと同じ商品であったとは考えにくいです。

これまでの歴史の中で、ブラッシュアップして、いろいろと変化してきたはず。

ぜひＱ1とＱ2をもとに、Ｂｅｆｏｒｅ↓ビッグバン↓Ａｆｔｅｒを作ってみてください。例えば、

「最初は、コーラやソーダといったオーソドックスな味しかありませんでした。でも2000年に『ガーリガーリ君♪』というフレーズのＣＭが大変話題になり、いまでは160種類以上になりました」

これは赤城乳業さんが作られる「ガリガリ君」です。


以前、税理士の方でこういうストーリーを語ってくれた人がいます。

「もともと税理士としてお金に関わることは、なんでもやっていました。でも、倒産しかけた会社の資金調達をすることになり、会社のみなさんと寝ずに事業計画を

作り、銀行を駆け回り、融資に成功し、その会社を再生へと導くことができました。

『私の仕事はこれだ！』と思いました。いまは資金調達の専門家として活動しています」

資金調達はこういう人にお願いしたいと思います。

あえて商品自体のことは話さず、ストーリーで商品を売る。

そのストーリーを聞いただけでワクワクしてくる。思わず「ＹＥＳ」と言ってしまう。

これが本物のプレゼンテーターです。

あなたがいま、そこで仕事をしているのも、そこに至るまで、いろんな困難があり、それに立ち向かい、挑戦してきたからだと思います。

それはあなたにとって大切なストーリーです。

ぜひそれを多くの方に語り、商品の魅力を伝えてください。

not speak point
10

あえて説明せずストーリーで心を動かす

スキル⓫〈選択話法〉

選択してもらうことで納得してもらう

選択肢を与えられると、ついどちらかを選んでしまうことはありませんか？

例えば「**コーヒーと紅茶、どちらがよろしいですか？**」と聞かれると、もうどっちにしようか頭の中で考えはじめていたり。本来はお茶でもいいし、「いりません」でもいいのに、です。

あるお店で、こんなことを言われたことがありました。

「**いいワインが入ったのですが、赤と白、どちらが好みですか？**」と。つい赤を注文したのを覚えています。もちろん、注文しなくてもいいのに、です。

行動経済学博士の相良奈美香氏は、著書『行動経済学が最強の学問である』（SBクリエイティブ刊）で、「**脳は比較によって物事を認知しやすくなる**」という行動特性を伝えています。

著書の中で大変興味深かったのは、あるアメリカの家電量販店の事例です。

事前のリサーチでは、「ホームベーカリーを買いたい」という顧客の声が圧倒的に多かったため、その家電量販店ではホームベーカリーを店頭に並べました。

でも売れ行きはイマイチでした。ホームベーカリーは275ドル（約3万7000円）もするので、購入を躊躇したのでしょう。

そこで、あることをしたところ、なんとこのホームベーカリーがバカ売れしました。

そのあることとは？

そう、隣に415ドル（約5万6000円）のホームベーカリーを置いたのです。

本来売りたいものの横に、それよりも高い商品を置いて比較することで、選択されやすくなったのです。

「これを買ってください！」と言われると、ゴリ押し感が強くて、急に購買意欲を失います。

でも、「もし購入するとしたら黒と白の冷蔵庫、どちらがご自宅のイメージに近い

〈選択肢１と選択肢２を用意して相手に伝える〉

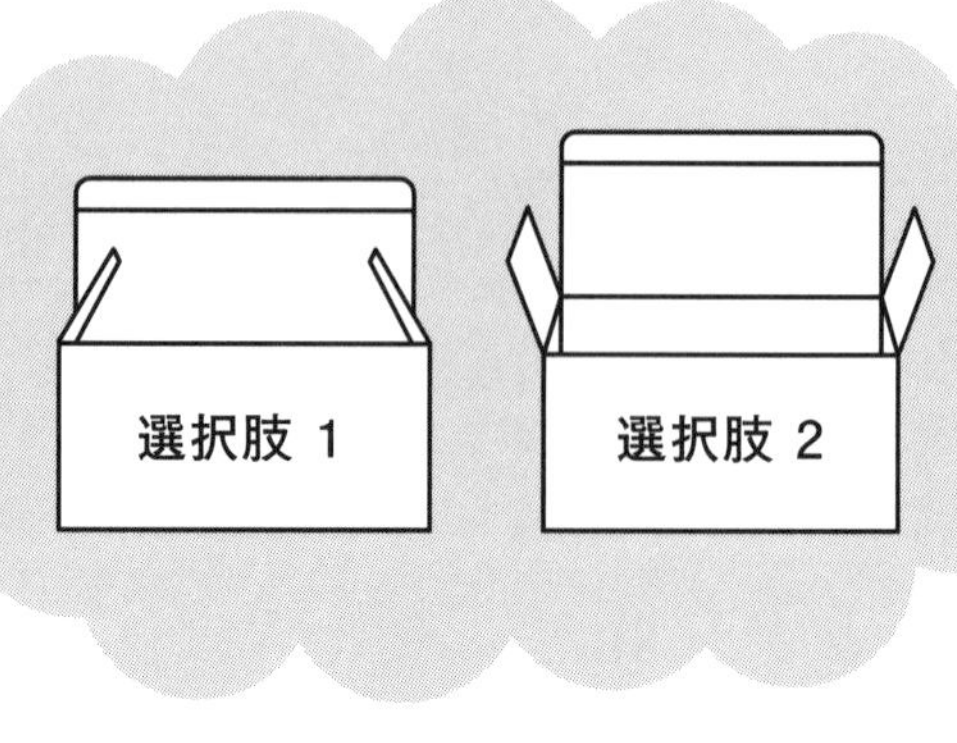

ですか？」と聞かれると「白かな……」と思わず想像してしまいます。

選択肢を与えられると、ついどちらかを選んでしまう。

これが人間のおもしろい思考パターンです。

ビジネスシーンに活かすなら、自分の提案を通したいものがあるときこそ、むしろ相手に選択肢を用意すべきです。

例えば、「営業する機会がほしい」と思い、営業のアポイントを取りたいとします。

しかし、誰でもアポイントを取らせてくれるわけではありません。営業というと警戒する人も多いからです。

そんなとき、まず自分の頭の中に2つの箱を用意します。

そして2つの箱を埋めるかのようにトークを考えます。

「話を聞いてもらって、いいなと思ったらじっくり考えてもらえばいいし（選択肢1）、違うなと思ったらスパッと断っていただいて結構ですので（選択肢2）」

こんなふうに、選択肢を用意して相手に伝えます。

事前にそう言ってもらえれば、営業を受けるほうも気が楽です。

反対に「営業の機会をください！　絶対にお役に立てますので！」と言うと、断られやすくなります。自分で選択できないからです。

あえてこちらからは決めない。

相手に選択してもらうことが肝心。

最初は面倒くさいかもしれませんが、わざわざ頭の中に箱をイメージしてみてください。

箱を用意すると何かを埋めたくなると思います。

◆例1「相手に行動を起こしてほしい」

×「これは君のやるべきことだ」

これだと選択肢がひとつなので相手のやる気を削ぎます。

そこで選択肢を入れる箱を2つイメージします。

○**「私はぜひ君にやってほしいと思っている。でもやるか（選択肢1）、やらないか（選択肢2）、最終的には君の判断に任せる」**

こう言われるほうが相手は判断を任せてもらえて嬉しいはずです。

◆例2「会議の参加者に積極的に意見を出してほしい」

×「もっと意見を出してください」

意見を出さない自分を責められているような気がします。

○**「何か意見があれば出していただけると嬉しいです（選択肢1）。なければこれで終了します（選択肢2）」**

と言われると、言いたいことが言えなくなるので早く意見を言おうとします。

こんなふうに選択肢を用意する思考パターンを繰り返し実践してみてください。

not speak point 11

あえて主張せず、相手に選んでもらう

普段の会話でも、

「全力で挑戦してほしいと思います（選択肢1）。でも決して無理しないでくださいね（選択肢2）」

「なんでも話してくださいね（選択肢1）。でも言いたくないことがあったら無理に話さなくてもいいですからね（選択肢2）」

と伝えてみてください。自分で決められることに対する安堵、そしてそれを与えてくれた相手の配慮を感じるので、全力を尽くしたくなるし、心を開いて話したくなります。

選択肢を明確にして選んでもらうこと。

これも良質な関係性を形成するコミュニケーションです。

スキル⑫〈質問〉

アドバイスして気持ちいいのは本人だけ

ハッキリ覚えていることがあります。

私が心理学を習いはじめた頃です。

ある友人から「職場に苦手な人がいる……」と悩みを相談されました。

私は得たばかりの心理学を駆使して、ユングの「ペルソナとシャドウ」の概念をもとに、苦手な人の対処方法を友人にアドバイスしました。

しかし友人は浮かない顔をしています。

ならばとアドラー心理学の「課題の分離」を引用して、いい人間関係の作り方を助言しました。

今度は「言っていることはわかるけど……」と納得がいかない様子でした。

だんだん私も腹が立って口調が荒くなりました。

そして嫌気がさしたのか、友人はその場を去って行きました。

すると、そこにいたもう1人の友人からこう言われたのです。

「さすがにあの言い方はないいんじゃない？」と。

「えっ！」と思いました。

よかれと思って一生懸命アドバイスしたのに、私の言い方が悪いと……。

でも、冷静になって考えてみると、たしかに相手の話をろくに聞かずに、知識をひけらかして、自分の承認欲求を満たし、言うことを聞かないからといって説教する。

最悪だったと思います。


悩んでいる人がいたら助ける。

これは当たり前のことだと思っていましたが、「助ける＝助言すること」でないと気づかされました。

むしろ悩みに対して助言するより、話を聞いて悩みの根源を探る。

詳しく質問して、一緒に解決策を見つける。

これが重要なスタンスだと自覚したのです。

〈アドバイスせず、3つのフレームで質問する〉

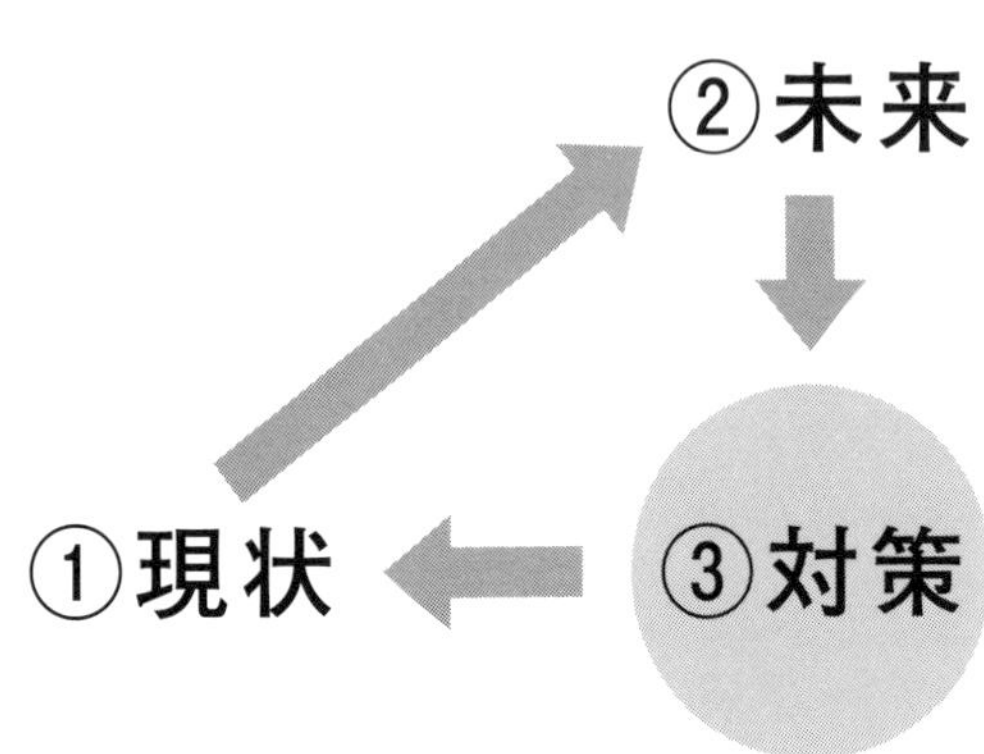

では、悩んでいる人には、まず何をすべきか？

当社はこれまで10万人の方をサポートしてきましたが、受講生の悩みをうかがうときは、次の3つのフレームを使って質問します。

もしアドバイスをしたくなったら、あえて話さず、このフレームを思い浮かべて質問してみてください。

❶現状：いま、どんな悩みを抱えていますか？（悩みの内容）

❷未来：この先、どうなると最高ですか？（あるべき姿）

❸対策：そのためにできることは、なん

ですか？（具体的な実践事項）

たったこれだけです。

これをトライアングルのようにぐるぐる回していきます。

この**「ぐるぐる回す」**がポイントです。

現状↓未来↓対策と、1回質問したくらいでは、本当の悩みも、本来手にしたい未来も、やるべき対策も見えてきません。

仮に、
現状：「職場に嫌いな人がいてストレスを感じている」
未来：「本当はストレスがない状態で働きたい」
という方に、
対策：「そのためにできることは、なんですか？」
と質問しても、
「特にないです。悪いのは私じゃないですから」と返ってくるのが関の山です。

1回転くらいでは表層的な部分しか出てきません。

そこで、「**ちなみに、そう思われる理由をもう少しうかがってもよろしいですか？**」と、また現状の悩みを掘り下げます。

そして「**本当はどうしたいですか？**」と未来に触れていきます。そうすると、「本当は嫌いな人がいても気にしないメンタルを手に入れたいです」という望みが出てきたりします。

さらに「**そのためにできることはありますか？**」と一緒に対策を探っていくと、「その人の言うことを全部受けとめていましたが、別にスルーしてもいいことがたくさんあることに気づきました」

と対策が出てくることも。

こうして玉ねぎの皮をむくかのように、「**現状↓未来↓対策**」のトライアングルをぐるぐる回していくと、真のやるべきことが見えてきます。

これは「**オートクライン（自己分泌）**」というもので、自分が語ったことを自分の耳で聞くことで潜在的な考えに気づく効果です。

時々ありませんか？　「いま、○○さんと話していてわかったのですが……」という瞬間。まさにそれです。

アドバイスすることが悪いとは思っていません。

ただ、相手は話を聞いてほしいのかもしれません。いろいろ吐き出したいのかもしれません。

勇気がないから背中を押してほしいのかもしれません。人によって違います。

だから語りすぎないのも計らいです。

悩むということは、「変わらなければいけない」と心がうずいている証拠。

そのうずきを理解してくれる人、そして支援してくれる人がいたら、どれだけ相手にとって救いになるでしょう。

そんな人が、1人でも2人でも増えていくことを願っています。

not speak point
12
あえて助言せず、共に解決策を見つける

スキル⑬〈聞き方〉

ロジカルに話すな、ロジカルに聞け

多くの人は、ロジカルに話す方法は勉強しても、ロジカルに聞く方法は勉強していません。

実はこれが盲目で、本来はロジカルに聞くことを強化しなければいけません。なぜならビジネスシーンでは人の話を聞くことが非常に多いからです。

例えば、上司から指示を受ける。会議で誰かの発言を聞く。また部下から説明を受ける、報告してもらう。お客様の要望を確認する、相談を受けるなど、聞く機会は本当にたくさんあります。

しかもです。全員がロジカルに話してくれるとは限りません。

ロジカルとは「論理的」「筋道の通った」という意味ですが、

「一体、なんの話をしているのだろうか……」

「この話はどこに向かっているのだろうか……」

「早く結論を言ってほしいんだけど……」

と、相手の話を聞いていてヤキモキすることがあると思います。

さらに、

✓「説明します」と言いながら、説明する本人が説明の内容を理解しておらず、パニックになっているケース
✓「報告があります」と言いながら、実は対応方法がわからず、相談したいと思っているケース
✓「ひとつ要望があるのですが」と言いながら、まだ要望がハッキリと決まっていないケース

ちゃんと話を聞かないと、真意が見えてこない世界があります。

そこで今回紹介するのは、相手の話をロジカルに聞く技術**「ロジカルリスニング」**です。

相手の話をロジカルに聞くポイントは3つです。

〈ロジカルリスニングのポイント〉

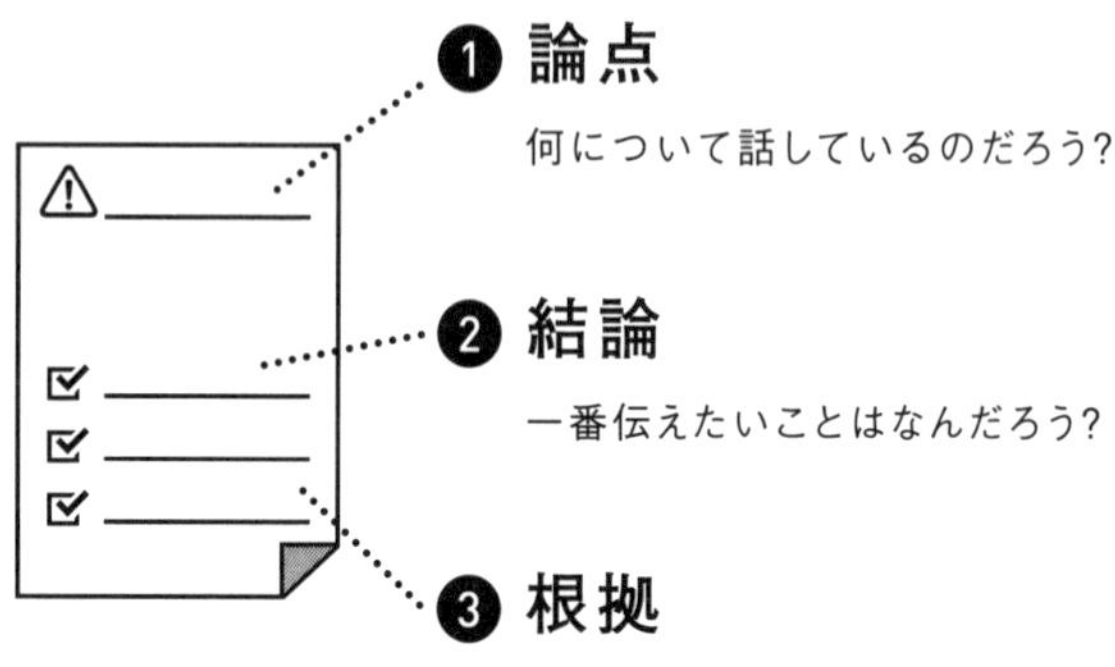

❶論点：何について話しているのだろう？
❷結論：一番伝えたいことはなんだろう？
❸根拠：なぜそう言えるのだろう？

この3つを頭の中に据え置いて相手の話を聞きます。

次のような感じです。

部下：「山田商事様の件なんですが、半年前に見積りを提出しておりまして、そのときは受注できなかったのですが、また依頼を検討したいとのことで。ただ、金額を相当気にされていまして、半額ほどの値引きを希望されていまます。さすがにそれは厳しいかと思っているのですが、どう返答しようかと思っていまして……」

上司：「山田商事様にいくらで見積りを出すか？　ということだよね」＝**論理を確認する**

部下：「そうなんです。前回は１００万円で見積りを提出しましたが、今回50万円で出すのはさすがにちょっと……内容も変わらないですし。ただ新規の取引になるので今後のお付き合いを考えると……」

上司：「なるほど。たしかにこの時期の新規獲得は大事だね。ちなみにいくらで出すのが妥当だと思っているの？」＝**結論を確認する**

部下：「そうですね。75万円くらいじゃないかと」

上司：「25万円値引きするってことだね。なんでそう思うの？」＝**根拠を確認する**

部下：「50万円だと弊社にほとんど利益が残りませんし、前回と同じ１００万円で出せば今回も受注できないと思います。ただ、もう1回依頼があったということは希望通りの値引きじゃなくても交渉の余地はあると思うんです。25万円の値引きなら関係部署と連携すればコストの調整ができそうです」

上司：「なるほど。弊社の利益と山田商事様がギリギリ受け入れられそうなラインが75万円ということだね。よし、それでいこう！」

こんなふうに一緒に「**論点・結論・根拠**」を埋めていく聞き方です。
話を聞き終わった時点で、モヤモヤした話がロジカルに昇華されています。

ビジネスの現場はいつでも生ものです。急いで確認しないといけないこと、突然説明を求められること、いきなり対応を迫られること、そんなことばかり。

相手からすると、ゆっくり整理して話せないことがほとんどです。
だからこそ、そんな相手の話をきちんと整理してあげる人が重宝されます。
ちょっとした話の聞き方からも良好な人間関係は作れるのです。

not speak point 13

相手の話を論理的に整理する

スキル⑭〈承認〉

直接褒めないほうが特別に聞こえる

日本人は褒めるのが苦手だといいます。

本当はすごいと思っているのに素直に口にすることができなかったり、夫婦、親子、上司部下、先輩後輩など、身近な人ほど照れがあって褒めるのが恥ずかしかったりするからかもしれません。

また「初対面の人にいきなり褒めたら、うさんくさいと思われそう……」、そんな声もよく聞きます。

そのため当スクールでは、受講生に、こんなことをお伝えしています。

「直接褒めるのが苦手なら、直接褒めなければいい」と。

「何を言っているの?」と思われそうですが、最後まで聞いてもらえると、きっと理解していただけるはずです。

例えば、部下を褒めるとき。

直接褒める場合は「○○君、すごいね」「○○さん、がんばっているね」というストレートな表現になりますが、褒めるのが苦手な人や、照れや恥ずかしさがある人はなかなか言えません。

そこで、直接的にではなく、間接的に褒めるのです。

「○○君は、**たとえ忙しくても納期は必ず守るもんね**」

「○○君は、**どんな難題でも受けたことは最後までやり切るからね**」

「○○さんは、**契約数が増えているのに行動量がぜんぜん落ちないね**」

と。

これは間接的に事実に触れているだけです。

直接褒めてはいませんが、こっちのほうが、言われたほうは嬉しいです。

なぜなら、事実に触れるというのは、相手のことをちゃんと見ていないと伝えることができないからです。

相手は「**自分のことをちゃんと見てくれている**」と感じます。そして自分のことを見てくれている人の言葉を信用します。

ここで簡単な例です。どちらが相手のことをよく見ているでしょうか？

◆例1　よく気が利く人に対して

A「さすがだね」

B「なんでそんなに周りのことがよく見えているの？」

◆例2　頭の回転が速い人に対して

A「頭がいいですね」

B「どうしたらそんなにいろんなことを同時に考えることができるんですか？」

きっとどちらもBではないでしょうか。

Bは相手のことをよく見ていないと発することができない言葉です。

「褒めるときの『さしすせそ』」なんてことがよく言われます。

さ＝さすが、し＝知らなかった、す＝すごい、せ＝センスあるね、そ＝尊敬します。

そんな言葉は、相手を見ていなくても言える言葉です。

歯の浮くような言葉を連発しても、「本当にそう思っているの？」と疑われます。

残念なのは、褒めることが苦手な人ほど、「褒めるときの『さしすせそ』」みたいな言葉を仕入れることに必死になっていることです。

課題はそこではありません。相手のことをちゃんと見ることです。

とても明るい人がいたら、その人と、その人がいる場を見て、自分が何を感じるか、自身に問うてみてください。

単純に「○○さんは明るいですね」という言葉ではなく、

「○○さんは**存在感がありますね**」

「○○さんがいると、**その場の雰囲気が変わりますね**」

「○○さんの**周りの人はみんな笑顔ですね**」

と、その人をありありと感じる表現に変わると思います。

昔、私が上司から言われて嬉しかった言葉があります。

私が苦境に立たされていたとき、こう言われました。

「お前は最終コーナーでまくるタイプだからな」と。

どれだけ遅れを取っても、最終的には全員ごぼう抜きして1位になるのがお前だと。

痺れました。そんなところまで見てくれていたんだと。

人間には、誰しも得手不得手があります。褒めるのが苦手な人もいます。

そんな人ほど、通り一遍の褒め方より、まずちゃんと相手と向き合うことからはじめてください。

きっとこれまでと違う「相手との心の距離」を感じるはずです。

not speak point
14

あえて間接的に褒めるほうが響く

スキル⑮〈雑談〉

しゃべるのをやめる

相手に気持ちよく話してもらうには、どうしたらいいでしょうか？

それは**「しゃべるのをやめる」**ことです。

日常では、仕事の話だけではなく、ちょっとした雑談や何気ない会話も存在します。

例えば、会社のエレベーターで同僚とバッタリ会ったり、営業先に向かう途中、上司と2人きりで移動したり。

はじめましての人との会話も、ちょっとした地域のコミュニティに参加するときも、他愛もない会話で互いの関係性を育むことがあります。

そんな場面で、マシンガンのようにしゃべりまくる人がいたら……。

聞いているほうはきっと居心地が悪いでしょう。

「おしゃべり」という言葉は、決していい意味では使われません。

私はこれまで雑談力の本を3冊書いてきましたが、これはハッキリ言えます。

会話がはずむポイントは、**「自分がしゃべるのをやめて、相手にしゃべってもらうこと」**だと。

「しゃべるのをやめる」と言いましたが、ずっと無言でいることではありません。

相手から会話を引き出すことです。

会話を引き出すポイントは3つの循環を意識すること。

❶質問する
❷リアクションする
❸フィードバックする

具体的にはこうです。

質問「おはようございます。先輩、最近忙しそうですね？」
リアクション「えっ！　そんなにたくさん仕事を抱えているんですか」
フィードバック「先輩、相当タフですね」

何気ない会話ですが、質問して、相手の回答にリアクションをし、自分の感想をフィードバックする。これだけで、また相手が何か話してくれます。

質問「はじめまして。今日はどちらからお越しになられたんですか？」
リアクション「山梨からですか！」
フィードバック「私も一度行ったことがあるのですが、本当にいいところですよね」

こんな感じで、質問→リアクション→フィードバックを通じて相手から会話を引き出します。

この3つがないと、

・質問されない＝興味を持たれていないと感じる

・リアクションがない＝話を聞いていないと感じる
・フィードバックがない＝何を考えているかわからない人だと感じる
相手にこんな印象を与えてしまいます。


「質問やリアクションが大事なのはわかっているのですが……。それでもなかなか会話が弾まないです……」という方もいます。

その理由は明確です。

ひとつずつを単体で捉えているからです。

さきほど**「3つの循環を意識する」**と言いました。

ここが雑談の核です。3つがつながっているからこそ会話が発展します。

さきほどの先輩との会話の続きです。

質問「ちなみに先輩って仕事を断ることはないんですか？」
リアクション「ないんですか！」
フィードバック「ときどき先輩の体が心配になりますよ（笑）」

↓

質問「休みとかはちゃんと取っているんですか？」

リアクション「しっかり取っているんですね！」

フィードバック「そういうところ私も見習わないと」

↓

質問「ところでどうやって休みを確保されているんですか？」

というふうに、「Q質問→Rリアクション→Fフィードバック」をぐるぐる循環させるとスパイラル上に会話が広がっていきます。

質問「やっぱり山梨といえば富士山に登る人が多いんですか？」

リアクション「えっ！　地元の人はあまり登らないんですか！」

フィードバック「私、登山が趣味なんで一度は登ってみたいんです」

↓

質問「〇〇さんも何かハマっていることとかあるんですか？」

〈会話がはずむQRFスパイラル〉

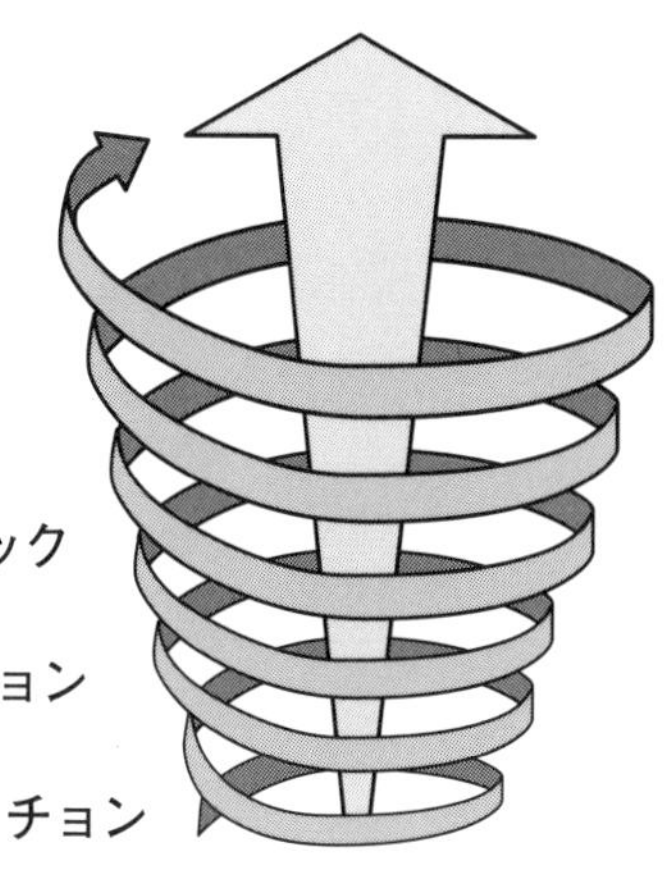

リアクション「ゴルフをはじめたんですか!」

フィードバック「いいな〜、いずれ私もやってみたいと思っていたんです」

←

質問「やっぱり最初はゴルフの打ちっぱなしからはじめるのがいいですか?」

という感じでQ→R→Fで会話を波及させていきます。

人は自分の話をさせてくれる人に好意を抱きます。

誰だって自分のことをわかってほしい

し、理解してほしいからです。

だからこそ一流のコミュニケーターは、相手から会話を引き出し、相手に気持ちよく話してもらい、ちょっとした雑談の場ですら、楽しい空間を演出します。

常に軸を相手に置いています。

改めて思います。

良質な人間関係の極意は相手がしてほしいことをすることだと。

not speak point 15

あえてしゃべらず相手から会話を引き出す

Skill

スキル16〈ギャップ〉

言いたいことの反対でバズらせる

1行読んだだけで、吸い寄せられるようなフレーズがあります。

「映像化不可能と言われたミステリーをついに映画化！」

こんな映画のキャッチコピーを発見して、思わず観てしまったことがあります。

「愛情なんて不潔です」からはじまる小説の広告を見たことがあります。

これも興味深くて思わず広告をクリックしてしまいました。

「出世したければ上司の言うことは聞くな！」

これも気になって一気に記事を読んでしまいました。

あなたにも、思わず惹かれるような言葉を目にした経験があると思います。

例えば、

「毎日焼肉を食べても痩せるダイエットがあった！」

「92歳のおばあちゃんがYouTube登録者数50万人を突破した秘訣！」

「子供が３６５日勉強したくなる声かけとは？」

バズる商品やＳＮＳの投稿には、「見たい」「読みたい」と、相手のアクションを誘発する力があります。だから拡散されるのです。

「私はあまりＳＮＳとかやらないし……」。そう思われた方もいるかもしれませんが、この**「バズらせ力」**は決して人ごとではありません。

ビジネスシーンでは、この力を必要とするときがたくさんあります。


仮に、あなたが関係部署に何かを提案するとしましょう。

その意見に注目が集まり、社内に広く拡散され、支持されたらどうでしょうか？

とても仕事がやりやすいですよね。

自社をＰＲするときに、あなたの会社に興味を持って行動してくれる人が増えたら、新規顧客の開拓がしやすくなるはずです。

自己紹介をするときも、**「この人、おもしろい！」「誰かに紹介したい！」**と思われたら、勝手に仕事が舞い込んできます。

自分が発信したことに反響が生まれれば、やる気も沸いてくるし、自信もついてきます。

だからこそ「バズらせ力」はビジネスシーンでも大いに役に立ちます。

そこで一度「バズらせる方法」とgoogleで検索してみてください。

恐らく800万件以上も記事が出てきます。

その方法論としては「お得な情報を提供すること」「話題のテーマを扱うこと」「斬新なアイデアを提案すること」「希少価値の高いものをトピックにすること」「賛否両論が巻き起こるようなことを題材にすること」など、本当にいろいろ出てくると思います。

これ、全部やるのは大変ですよね。

どうやって普段の仕事において、自分が伝えたいことに注目を集めるか？

今回は中でも一番簡単な、**「反対のワードを入れる」**という方法を紹介します。

まずは簡単な例から。

「このお店のコーヒーはおすすめです」と紹介するとき、その前に反対のワードを入れます。

「**ほかが飲めなくなるくらい**、ここのコーヒーはおすすめです」と。

おすすめ度がグンと強化されると思います。

本を書いている人なら「作家をしています」というより、「**高校の国語の成績は2だったのですが、**いまは作家をしています」というほうが印象に残りやすいでしょう。

反対のワードを入れてインパクトを出す。

一言で言えば、ギャップを創出することです。

昔から「ナンバーワンよりオンリーワン」みたいなフレーズをよく聞くと思います。

「ツンデレ」も「ツン」と「デレ」が反対ワードだから広く認知されました。

「迷惑です」というときも「ありがた迷惑です」というほうが強くなります。

なぜ、これが一番簡単な方法だと言い切れると思いますか？

それは「**何か伝えたいことがあるなら、その反対を入れればいいだけ**」だからです。

「可愛げがある」と伝えたいなら、その反対「憎む」を入れて、「憎めないほど可愛げがある」と。

もともと半分は完成しているようなもので、もう半分入れない手はありません。

〈反対のことを入れるとインパクトが増大する〉

よく「弊社の商品は、値段が高くて売れない……」と嘆く人がいます。

そんなときも「高い」↔「喜ばれている」と、反対になりそうなワードを入れて「うちの商品は値段が高くても喜ばれています」と堂々と提案すればいいのです。

以前、「当社の商品は小型であることがウリです」という方がいました。

私はその方にお願いしました。

「お客様に提案するときは、絶対に大型のときの商品も持って行ってくださいね」と。

「以前は5㎝だったのですが、現在は2㎝まで小型化が成功しました」と、あえて目の前で以前のモデルを見せるのです。

これも「大きい」↕「小さい」の反対を見せてインパクトを出す方法です。

最初はあまり難しく考えず、「大きいと言えば小さい」「広いと言えば狭い」「明るいと言えば暗い」、このくらいラフな感じで反対のワードを考えてみてください。

もし、やりたいことが見つからなければ、「こんな人生にしたい」ではなく「こんな人生だけにはしたくない」と、逆から考えてみるのもいいですね。

好感度を上げる方法がわからなければ、まず好感度を下げない方法から考えてみる。

逆を思考することで新たな切り口が生まれ、意外性に発展することで反響が生まれやすくなります。

not speak point 16

あえて言いたいことの逆を伝える

スキル⑰〈イシュー〉
人を責めずに論点を攻める

少しお付き合いください。論点にまつわるクイズです。

> 箱の中に、2枚の紙が入っています。
> 1枚には「10万円がもらえる(^▽^)」と書いてあります。
> もう1枚には「1万円を支払う(>_<)」と書いてあります。
> あなたはどちらかを引かなければいけません。
> 10万円を引いたらラッキー、1万円を引いたら最悪です。
> しかし、箱に入っているのは2枚とも「1万円を支払う(>_<)」と書かれた紙です。
> そう、八百長が仕組まれています。しかも、あなたはその事実を知ってしまった。

さて、この状況でどうやって10万円をゲットしますか？

「まず八百長であることを伝える」という人がいるかもしれません。

「そもそも10万円を当てるのは無理でしょ」という人もいるかもしれません。

でも、そうすると相手と揉めてゲーム終了。10万円ゲットならず、です。

思い出してみてください。考えるべきは「どうやって八百長を暴くか？」でも「どうしたら10万円の紙を引けるか？」でもないです。

「どうやって10万円をゲットするか？」です。

こういった、本当に考えるべき問いのことを**「論点」**といいます。ビジネス用語ではイシュー（issue）ともいわれます。

まずは答えから言います。正解は「相手に先に引いてもらうこと」です。

相手に先に「1万円を支払う(>_<)」を引いてもらえれば、残りの1枚は「10万円がもらえる(^▽^)」紙ということになります。

何か問題が発生したときに、イライラして怒りをぶちまけたり、怒りに任せて反射

的に口走ったりすると、本当の論点は見えてきません。

まずは**「問うべき問いを問う」**こと。

では、何を問うべきか？

それは「人」ではなく**「事」**です。

例えば、ミスを連発する部下がいたとします。

ミスを連発されたことに腹が立ち、「やる気あんのか？」「理解力が足りないんじゃないか？」「そんなことだからいつまで経っても成長しないんじゃないか？」と人格攻撃をはじめると、まさに泥仕合（どろじあい）になります。

「どうしたらその人の性格が変わるか？」といった「人の内面」にアプローチしていると、その人の文句しか出てきません。

では、「事」を論点にするとどうなるか？

「同じミスを2回した」ということであれば、「どうしたら3回目のミスを防げるか？」が論点になります。

すると対策が具体的になります。

例えば「間違えないようにマニュアルを作る」「ダブルチェックをおこなう」「そもそもその業務自体をほかの人に任せる」「そもそもその業務自体をやらない（アウトソースする）」など。

この「事」に目を向けることを**「ファクトベース」**と言います。事実に基づいて論点を設定する思考法です。

仮に、誰も発言しないような暗いミーティングがあったとしましょう。参加者に「誰も意見がないのか！　当事者意識が足りないのではないか？」と喝を入れても、活発な議論にはなりません。

「当事者意識が足りない」というのも事実ではなく、その人の主観だからです。本来は「意見が出ない」という事実に着目して、「どうしたら意見が言いやすい空気になるか？」「意見が言いたくなるような進め方はないか？」です。

売上目標が達成できていない人に、「努力が足りないのでは？」「目標達成意識が薄いのでは？」も粗悪な論点です。

「努力」や「意識」は人それぞれ解釈が違うからです。

「目標5件に対し、2件不足している」と事実に着目するからこそ、「あと2件受注するために、どうやって商談件数を20件増やすか?」という具体的な論点になるのです。

まとめます。

仕事をしていると大小含め、いろんな問題が発生します。問題が発生すれば、問題を起こされたほうは腹が立ちます。問題を起こしたほうも気分が落ち込みます。

だからこそ、人を責めず、本当の論点を攻めることです。

論点を深く煮詰めることで、相手を傷つけることなく、怒りといった感情に左右されない健全な思考が磨かれていきます。

not speak point 17

あえて内面に触れず事実に着目する

スキル⑱〈カミングアウト〉

自己開示して改心してもらう

前項では「あえて相手の内面に触れない」と言いました。

でも、こう思われたかもしれません。「内面を変えてほしいときもある」と。

たしかに、相手に「心を入れ替えてほしい」とか「考え方を改めてほしい」、「性格を変えてほしい」と思うことがあるかもしれません。

とくに身近な人や関係性が深い人ほど、そう感じることが多いでしょう。

あなたなら、どうやって相手の内面を変えますか?

ここで思い出してほしいのは、43ページの「不安はコミュニケーションの猛毒」です。

「心理的安全性」をもとに、「人は安心できる土壌がないとコミュニケーションが取れない」ということを伝えました。

無理に相手の考え方や性格を変えようとすれば、相手はきっと拒絶します。

だから相手に心を入れ替えてほしいときこそ、取り組むべきは**「安心を提供する」**ことです。

具体的には3つあります。

❶改心の前に「開示」すること
❷反感の前に「共感」すること
❸命令の前に「激励」すること

順番に見ていきます。

◆改心の前に「開示」

相手を改心させる言葉を言う前に、あえて自分のことを開示することで相手に安心を与えます。

例えば、「そのルーズな性格、なんとかならないの！」と言ってしまえば、相手は危険を感じて反発するでしょう。

先に自分のことを開示すると、こうなります。

「私もルーズなところがあるからわかるんだけどさ（自己開示）。提出物が遅れるとまわりの人の作業も遅れてしまうので、次回から期日を守ってほしいんだ」。

「間違いが多いよ！　仕事が雑じゃない？」と怒るときも。

「私も間違いがあるから人のこと言えないんだけどね（自己開示）。提出する前にいま一度自分でもチェックしてみない？　そうすれば間違いが減ると思うんだ」。

一方的に指摘する前に、あえて自分のダメなところをカミングアウトする。

そうすると「あなただけが悪い！」ではなく、「私も一緒だから」という安心感が生まれます。

◆反感の前に「共感」

相手に反感を伝える前に、あえて同じ気持ちを味わってみることです。

例えば、「部長は『みんなの考え方がバラバラじゃないか!』って言いますが、そんなの当たり前じゃないですか。人それぞれ考え方が違うんだし」と否定してしまえば、部長も否定で返してくるでしょう。

共感を入れるとこうなります。

「**おっしゃる通り、みんなの方向性が一緒だったら物事がスムーズに進むと思います**（共感）。ただ、多少時間がかかっても、みんなの考えを取り入れながら進めるほうが結果的に満足度が高いアウトプットになるような気がします」

「**たしかに全員同じ方向性だったらストレスもないと思います**（共感）。でも方向性が違うからこそ、おもしろい発想が生まれると思うんです」

共感も安心を作り出す大切な要素です。

人は言い負かし合う敵より、一緒に支え合う仲間がほしいのです。

◆命令の前に「激励」

「○○しなさい！」と言いつける前に、あえてエールを送ることです。
例えば「もっと知識を増やして自分から発言できるようになりなさい！」という命令も、エールに変えるとこうなります。

「**○○君はとことん追求するタイプでしょ。考えを深掘る力がすごいと思うんだ**（**激励**）。だから次回の会議までに○○の知識を増やして自ら発言できるようにしていこう」

「**○○さんはいつも自分の考えを持っている人でしょ。それを発言してくれたら会議がすごく活性化すると思うんだ**（**激励**）。次回までに自分の考えをまとめて自分から発言できるようになろう」

命令には冷たさがありますが、激励には温かさがあります。
その体温が相手に安心を与え、相手の心を開かせます。

以上、「開示」「共感」「激励」の３つを伝えました。

not speak
point
18

自発的に内面が変わるきっかけを作る

総じて言えるのは、相手への敬意です。

同じ職場やコミュニティ、常に近くにいる人を全員好きになりなさいとは言いません。でも、好きじゃなくてもリスペクトは必要です。

なぜなら、人間1人でできることなんて、たかが知れているからです。まわりの人がいるからこそ成し遂げられていることがたくさんあります。

常に「おかげ様だし、お互い様」だと思うのです。

だから細心の敬意を払い、内面を変えるというデリケートな案件だからこそ、相手に安心を与え、自ら改心してもらう工夫が必要です。

こうしたちょっとした創意が絆の創造につながるのですね。

スキル⑲〈タイムアウト〉

あえて答えないのも答え

職場で仕事をしていると、突然質問されたり、急に意見を求められたり、いきなり想定外のことを聞かれたり……。

うまく答えられないときもあります。

例えば、突然上司から「なんかおもしろい企画ない？」と聞かれたら。

「おもしろいって……」、急にそんなにポンポン出てこないですよね。

会議でいきなり「どうしたらいいと思う？」と意見を求められることも。

「どうしたら……」、そんなアバウトなことを聞かれても、なんとも答えづらいものです。

以前、こんな会議がありました。

お酒の販促会議をしていて、上司が部下にヒアリングしています。

「Aさんはお酒飲むの？」→「ほとんど飲まないです」

「Bさんは？」→「僕は毎日飲みます」

Cさんも当然自分のお酒事情を聞かれると思っていました。

ところが、

「Cさんは最近の若者のアルコール離れについてどう思う？」→「えっ！　私だけ意見？」

想定外の質問にCさんは言葉を詰まらせてしまいました。

答えられないのに、無理やり答えようとすると、

・的外れなことを言ってしまう
・不用意に答えて突っ込まれる
・撤回できず、あとに引けなくなる
・もっと違うことを言えばよかったと後悔する

そんなことが起こります。

本音を言えば、答える前に少し考える時間がほしいですよね。まさにバレーやバスケでいうタイムアウトみたいな時間です。

でも、「少し考えたいので5分お時間いただけますか？」なんて言えませんよね。会話はリアルタイムで進んでいます。

ポイントは、**「どうやって会話をしながら答えを考える時間を確保するか？」**です。

そこで、こう考えてみてください。

「答える」のをやめる。

そう、**「聞く」**です。

つまり即答せず、あえて相手の質問を吟味すること。

例えば「なんかおもしろい企画ない？」と聞かれたら、あえて答えず、聞かれている内容を正確に確認します。

↓

「いままでと違ったテイストの企画ってことですよね？」

↓

「みんながワクワクするプランってことですよね？」

↓

「これまでにアプローチしてきた対象を変えた内容ってことですよね？」

こんなふうに掘り下げていくと、

「まず、いままでの企画を一度洗い出してみてもいいですか？」

↓

「ワクワクを定義するところからはじめるのがいいかもしれません」

↓

「〇〇の層にはまだアプローチしていないのでいかがでしょうか？」

↓

と議論が深まっていきます。

「質問の内容を確認するなんて当たり前でしょ」と思う人が多いと思います。

でもこれが結構甘く見られがちです。

人は何か聞かれると反射的に答えようとするからです。

「答えないと突っ込まれるかもしれない」「即答できないとダメな奴だと思われるかもしれない」、そういった思いがよぎるからでしょう。

だから反射的に言葉を発します。

反射の力は強大で、熱いヤカンを触って「アチッ！」と言うくらい、瞬間的に発動するのです。

そうならないためには思い切って立ち止まる勇気が必要。

それが、あえて答えず聞くことです。

◆例1「最近の若者のアルコール離れをどう思う？」と聞かれたら……

↓「**なぜ離れているか、その原因ということですよね？**」

↓「**どんなアプローチが考えられるか、ということですよね？**」

◆例2「〇〇の件、どうしたらいいと思う？」と聞かれたら……

↓「**実施するかしないか、ということですよね？**」

↓「**誰に任せるか、ということですよね？**」

議論の目的は自分が100点の回答を出すことではありません。
双方の会話の中で100点が生まれることです。
どっちが正解を答えたかは重要ではないです。

議論を深めるために「答える」というアクセルがあれば、「答えない」というブ

レーキがあってもいいはずです。

車はアクセルとブレーキが同時に進化したからこそ、ここまで発達しました。

即答しないことも、また答えです。

あえて答えないことも建設的な議論を生み出す一助になります。

not speak point
19

あえて即答せず内容を吟味する

第3章

「あえて話さない戦略」を実用化する5つのトレーニング

～どんなとき・どんな場面でもスキルを発揮できるようになる～

「あえて話さない戦略」を体得するために意識すべきことは何か？

最終章は日常生活で実施したいトレーニング方法を紹介します。

本章では「５つの力」が登場します。

普段実施していることについて、ほんの少し意識を変革するだけで、見ている世界が大きく変わります。

そして「５つの力」を高めることで、本書の支柱である「メタ認知」と「捨てる勇気」が習熟されます。

ぜひ本章を通じて、「あえて話さない戦略」を実用化していきましょう。

力は磨くからこそ道が拓かれます。

トレーニング❶〈思考力〉

自分と対話する

思考力とは、ずばり**「考える力」**のことです。

何かを口にする前に「どうしたら相手に喜んでもらえるか?」を考える。「あえて話さない戦略」も、まさに、この考えることからはじまります。

思考力が高い人は、常に考えることで知能を強化していきます。

逆に、考えることを止めるのは恐ろしいことです。現状を変えたいと思わなくなるからです。

あなたの周りにもいませんか。文句は言うけど、どうしたらいいかを考えない人が。

思考停止は未来に暗闇をもたらします。

思考力を鍛えるには、**「考えることを反復すること」**です。

具体的にいうと、**自己対話の強化**です。

「なんでだろう？」
「どうしてだろう？」
「どうしたらできるだろう？」
「本当はどうすべきだろう？」

と、自分との会話を増やすこと。

この問いの分だけ思考力が強化されます。

例えば、繁盛している飲食店があったら、

「なんでこんなに流行っているんだろう？」
「どうしたらこれだけお客様を呼べるのだろう？」

と考える。

いちいち考えるのは大変かもしれませんが、ひとつ疑問を持つくらいで十分です。

1日ひとつ考えただけで、1年で365回も考えたことになります。

大事なポイントとしては、一気に深く考えるのではなく、浅くてもいいから考えることを習慣にすること。

「Netflix のドラマがおもしろかった」ではなく、

「なんでおもしろかったんだろう？」

「ストーリーが奇抜だったからかな？」

「演技力が卓越していたから？」

これが自分の中の「おもしろさ」を再定義する機会になり、あなたが考える企画やプレゼンに活きてきます。

私が新卒入社の面接を受けたとき。

面接場所にカフェを指定されたことがありました。

カフェで面接官の方に会うと、面接官はいきなり私にこう聞くのです。

「桐生さん、このお店の1日の売上、いくらだと思います？」と。

「えっ⁉　あの……」、何も言えませんでした。

その面接官は、営業時間、席数、単価、回転数から、ざっくりとした1日の売上を想定して教えてくれました。

もちろんその金額が合っているかどうかが大切ではありません。

伝えたかったのは「漫然とお店に入るのはもったいない。常に自分の頭で考えてみることが大切」ということです。

以来、私はどこのお店に入っても、お店を見渡して考える癖がつきました。

これが私の思考力を爆発的にアップさせ、いまのビジネススクールに活きているのは言うまでもありません。


ここでひとつ、自己対話を強化するフレームワークを紹介します。

ロジカルシンキングの基礎**「考えるための3つのフレーズ」**です。

「**So What?（だから何？）**」

「**Why So?（なぜそう思う？）**」

「**So really?（本当にそうなの？）**」

これをフックに考えます。

◆**例1**

「職場でいろいろな問題が発生している。作業が多い、作業効率も悪い、作業の遅延も多発している。さらに協力的じゃない人もいる……」

「So What?（だから何？）」

→**「だから1人ずつ面談をして、声を聞く時間を設けたほうがいいと思う」**

「Why So?（なぜそう思う？）」

→**「何が問題なのか把握していないことが一番の問題だと思うから」**

「So really?（本当にそうなの？）」

→**「対策を打つよりも問題を特定するほうが先。そうじゃないと誤った対策を打ってさらに業務効率が悪くなる」**

こうして自己対話を通じて考えを整理していきます。

思考を深めることで、本当にやるべきことが見えてきます。

◆例2

「今日は、朝から根詰めて仕事をしていたので疲れた……。でもまだ仕事が残っている……。だんだんやる気もなくなってきた……」

「So What?（だから何？）」

↓

「今日はいったん、仕事をやめよう」

「Why So?（なぜそう思う？）」

↓

「ダラダラ続けてもいい仕事はできないから」

「So really?（本当にそうなの？）」

↓

「疲弊した状態よりスッキリした頭で仕事をスタートするほうが質の高い仕事ができると思う。今日はもう寝て、明日6：00に起きてがんばる！」

自分の頭の中をスッキリさせたり、行動要因をハッキリさせればモチベーションも上がります。

ネイティブ・アメリカンの諺（ことわざ）に、このようなものがあります。

Training menu 1

考えることを反復する

「問いを持った部族は生き残ったが、答えを持った部族は滅びた」

問いを持ち続ける。それはまさに考え続けることです。

普通の人が考えないところまで思考を巡らせてみる。

ときには「愛とは何か?」「成功とは?」「幸せとは?」、まさに答えのないような問いと対峙することも思考力を磨く一途になります。

Training

トレーニング❷〈俯瞰力〉

一歩引いて観察する

あなたには、物事の良し悪しを決める判断基準はありますか？

私は小さい頃、祖母に「自分がされて嫌なことは人にするな」と言われて育ちました。

そのせいか、腹が立って何か言おうとするとき、「これを自分が言われたらどう思うか？」といったん立ち止まり、考える習慣ができました。

良し悪しを判断する基準を祖母からいただいたのです。

それでも思わず口にしてしまうこともありますが、その度に天国の祖母から見られているような気持ちになります。

一瞬立ち止まり、冷静に、客観的に、高い視点から物事を捉える。

これが本書で何度も出てきている**「俯瞰する」**ことであり、メタ認知そのものです。

俯瞰することで普段見えていないものに気づきます。

物事を俯瞰するときは、一段上のアングルからその場を観察するような感覚が求められます。

これがなかなか簡単ではありません。特にイライラしたり、怒ったり、不安になったりしているときは視野が狭くなります。

焦っていると周りが見えなくなるときがありますよね。猛スピードで車を走らせているときは前しか見えておらず視野狭窄に陥ります。これと一緒です。

だからこそ、一歩引いて、物事を観察する訓練が必要です。

今回は、その俯瞰力をアップする2つのトレーニングを紹介します。

❶ 情景を描写する
❷ 想定を強化する

1つ目の「**情景を描写する**」。

ムッとして態度に出そうになったとき、思ったことをすぐ口にしてしまいそうなとき、まずはその場を俯瞰して、事実だけを認識する方法です。

私たちは現実をそのまま見ているのではなく、意味を与えて捉えています。

例えば、眉毛がグッと上がっている人を見ると怒っていると感じる、声が大きい人を見ると怒鳴っていると解釈するなどです。

でも、それは解釈であって事実ではありません。

事実は「Aさんが、いつもより大きな声で、先日のクレームの件について言及している」などです。怒っているかどうかは、その人の解釈によるのです。

だから、その場を冷静に、ただただ事実だけを捉えていく。

それが情景を描写することです。

例えば、「社長が、全体会議で、先月の未達成について、1人ずつ質問している」。

事実はこうです。

これに「社長が怒っている」と解釈を与えると、「怒られないように反省の面持ちでいよう……」「とりあえず黙っておこう……」と、建設的な議論になりません。

ちゃんと情景が描写できる人は、怒っているかどうかは別として、「次回までの具体的な対策をきちんと伝える」、それがパッと出てこないときは「いつまでに対策を出すかを伝える」と、相手が望んでいることをキャッチして伝えることができます。

俯瞰することで本質を理解することができるからです。

2つ目は**「想定を強化する」**。

「○○するとどうなるか?」を考える訓練法です。

「これを言ったら相手はどう反応するか?」

「それを言うことでどんなリスクがあるか?」

「それでも言うか?」

ほんの1分程度、少し想定してみます。

これはよくある事例ですが、資料を作成するときに資料にページ数を振らない人がいます。また、配布資料なのに印刷設定をしていない人もいます。

読み手が資料を読むときに「ページ数が振られていないと混乱する」や「印刷設定をしていないと膨大に紙が出てくる」と想定できない人です。

Training menu 2

高い視点で状況を捉える

残念ながら、相手の立場で状況を俯瞰できない人はいい仕事ができません。「いい」を決めるのは自分ではなく相手だからです。

特に俯瞰しなければいけないタイミングは、自分の感情が悪い方向に動きはじめたときです。

具体的には怒り、不安、恐怖、悲しみを感じたとき。

そういった感情が暴走するときほど思考を活発に活動させましょう。

考えることで冷静に俯瞰する時間が確保できます。

トレーニング❸〈忍耐力〉

相手の出方を待つ

ただ職場を歩くだけ。そんなマネジメント方法をご存知でしょうか？

「マネジメント・バイ・ウォーキング・アラウンド（MBWA）」という手法です。

南北戦争時にリンカーン大統領が前線の現場に足を運び、最前線の状況を自らの目で把握したという史実から生まれた言葉とされています。

簡単に訳すと、「マネジャーは机に座っているのではなく、現場に足を運び、自ら情報を取りに行かねばならない」という考え方です。

この本質は、自ら現場に出向くこともさることながら、**「直接相手から話してもらう」**ということにあります。そうでないと真の情報が入ってこないからです。

現場を訪問し、あえて話さず、現場の人から話してもらう、話せる空気を作る、話し出すのを待つ。

そのためにブラブラして、いつでも話しかけられる状態を作る。

それがＭＢＷＡのあり方です。


これ、すごい忍耐力だと思いませんか？

マネジャーなら仕事のことは誰よりも熟知していると思います。

現場をまわればいろいろ口も出したくなるでしょう。それでも耐える。

あえて話さず、相手から話してもらう。まさに忍耐力との勝負です。

忍耐力もまた、あえて話さない戦略にとって大切な力。

その力を高めるために、できることが3つあります。


「すぐに主張しない」

「すぐに議論しない」

「すぐに勝とうとしない」

それぞれ見ていきます。

◆「すぐに主張しない」

すぐに主張しないとは、「！（ビックリマーク）」を「？（クエスチョンマーク）」に変えることです。

例えば「そんなやり方じゃ上手くいかないぞ！」ではなく、まずは「**どう、順調？**」と質問してみる。

「ちゃんと報告してくれよ！」ではなく、「**何か共有してもらうことはある？**」と声をかける。

「もっと丁寧にやりなさいよ！」ではなく、「**何か焦っていることはない？**」と気遣う。

「！」と主張したくなるときは、すぐに口に出したくなるときです。

そんな心の中に、

このマークが表れたら、

に変換する。

最初は「！」のマークを思い出し、「？」を思い浮かべるだけでもいいです。それだけで一瞬立ち止まることができます。

これも練習ですね。

ぜひあえて主張せず、質問に変える習慣を身につけていきましょう。

◆「すぐに議論しない」

すぐに議論せず、まずは定義すること。

相手に「もっとがんばれるだろう」と言いたくなるときも、これは何をもって「がんばれる」というのか？

「もっと具体的な対策が必要でしょ」というときも、何をもって具体的というのか？

ここが定義されないと、話がかみ合わず、相手の意見は押しつぶされて死んでしまいます。

「もっとがんばれるだろう」ではなく、**「○○君の能力なら1日で10個は組み立てられると思うんだけど、どうだろう」**と、「がんばる」のレベルを定義してみてください。

「具体的な対策」もそうです。

当社では具体的な対策の定義を**「第三者が見てもわかるレベル」**としています。まったく関係ない人が見てもすぐに手が動く、それくらい具体的に設定されているものを対策と呼んでいます。

あえて議論せず、定義する。

そうするとその後のコミュニケーションが随分スムーズになります。

◆「すぐに勝とうとしない」

時には負けることも選択肢です。

話していて、どっちでもいいケースがあります。

予算が10万円以内で、8万円のA商品を購入するか、6万円のB商品を購入するか。そんなに問題ないなら相手に決めてもらうことも大切です。

2万円の差は大きいですが、相手に「自分で決めた」という責任感が生まれます。

まれに経済や政治問題について、意見の違いから顔を真っ赤にして議論し合っている人を見かけますが、いつも全力で持論をぶつける必要はないと思います。

時には相手の話に耳を傾け、なぜそう思われたのか、好奇心を持って聞いたほうが新たな情報が増える可能性があります。

以上の3つの実践で、ぜひ「待てる自分」を作り出してみてください。

Training menu 3
相手から話してもらう

仏教では忍耐という言葉を「広く受けとめること」「他者への寛容な心を持つこと」という意味で使います。「あえて話さない」とは、忍耐力そのものだと思うのです。

トレーニング4〈内省力〉

振り返りをする

驚かれることがあります。当社には売上目標がありません。

どの会社も売上目標があると思いますし、それをまったく否定するつもりはありません。むしろ私の会社員時代は、数字やノルマとの戦いでしたし、それを乗り越えてきた自負もあります。

だからこそ、数字よりも大切にしたいものがあると気づきました。

それが**「内省」**です。内省とは、自分がおこなった行動を振り返ることです。ただ振り返るのではなく、自分の内側をえぐるように、考えや心境を深く省みる行為です。

「ついカッとなって口に出してしまったこと」

「まったく相手の事情を聞かずに指摘してしまったこと」

「もっと別の提案の仕方があったかもしれないと後悔したこと」

〈リフレクション4つのステップ〉
4つの順を追って振り返る

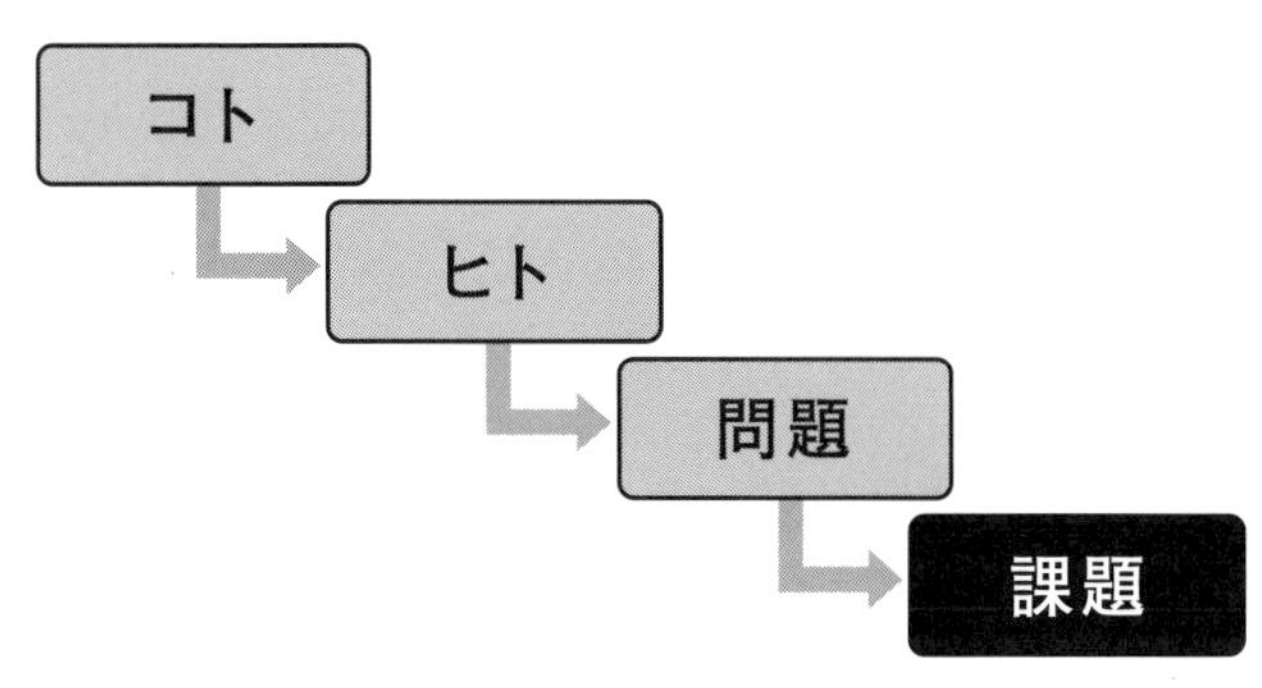

こういうことが起こるのは仕方ないとして、なぜそうなったのかを振り返るプロセスにこそ、真の成長過程があると思っています。

人材育成の分野では、内省のことを**「リフレクション」**といい、広く研修にも取り入れられています。

実際には次の流れでおこないます。

コト　内省すべき具体的な事柄をピックアップする

ヒト　そこに登場する人の顔を思い浮かべる

問題　どんな問題があったかを思い起こす

課題：次回やるべきことを設定する

◆例1

コト　今日の商談では提案したいことの半分しか伝えることができなかった

ヒト　そのときのお客様の顔を思い浮かべる(^^)

問題　お客様の事業内容やお悩みを聞く前に、自分が話したいことを一方的に話してしまった

課題：次回からはお客様のホームページで経営目的と事業内容を確認し、創業の背景からヒアリングをおこなうことにしよう

今日おこなった具体的な事例をピックアップし、その出来事があった直後に、5分程度、内省します。

私が営業職のとき、上司に同行営業をしてもらった帰り道、上司が一緒に内省をおこなってくれました。どんな会話をしたか1行ずつなぞっていくのです。

この5分の振り返りのおかげで、私の営業力は飛躍的にアップしました。

◆例2

コト　鈴木さんに次回以降の要望をメールしたら、返事がなかった

ヒト　鈴木さんの顔を思い浮かべる(-_-)

問題　「次回からは○○しておいてください」という文言がマズかったかもしれない……

課題：「しておいてください」は上から目線に感じるので、次回からは「○○してもらえると助かります」という文言にする

ちょっとした気遣いですが、こういったメールの一言も良好な人間関係を築くきっかけになります。

◆例3

コト　実家から食べ物が送られてきた

ヒト　お父さんが送ってくれた(^.^)

問題　「食べないから送らなくていいよ！」と、ひどいことを言ってしまった……

課題：明日謝りの連絡を入れよう。そしていつも支えてくれることへの感謝を伝えよう

このように自分の心と対話することで、本当に大切なことが見えてきます。

本書の中には、「あえて話さず立ち止まる勇気」、その必要性がいたるところで展開されています。

でも、人間は完璧ではありません。立ち止まれないこともあります。**大事なことは、立ち止まれなかったとしても、その行為を省みる時間を持つことです。次回の行動が変わるからです。**

内省とは自分の心と正対する時間。そして心に栄養を与える機会です。内省力を高めることで、ぜひ豊かな心の土壌を作っていきましょう。

Training menu 4

自らの会話を省みる

Training

トレーニング❺〈感取力〉

感受性を磨き上げる

「あえて話さない戦略」の主体は、言うまでもなく**「相手」**にあります。

相手から話してもらうこと、相手の意志で発信してもらうことで、良好な関係性を構築していくメソッドです。

しかし、いくら相手から発信してもらっても、それを受信できなかったらどうでしょうか?

電波にも発信と受信がありますが、発信を受け取れなければ相手の大切なメッセージを見逃します。

相手が伝えたいことは、言語化できることもあれば、できないこともあります。

その心境まですべて汲み取ることができる。

それがあってはじめて「あえて話さない戦略」が完成します。

この感じ取る力のことを**「感取力」**といいます。

まさに感受性が問われます。

感受性は1日2日で高まるようなものではありません。日々の生活の中で、少しずつ高めていくものです。

では、どうすれば感受性を高めることができるか？

それは、**「異なることに触れること」**です

「日本人が情緒豊かなのは、四季があるからだ」という外国人の方がいらっしゃいます。

日本以外にも四季がある国は存在しますが、たしかに私たち日本人ほど四季を味わっている国民はいないのではないかと思います。

私の実家は新潟県の豪雪地帯です。

私は普段東京におりますが、毎年11月頃、東京で冬の匂いを感じます。やはりその1ヶ月後には実家で初雪が降っています。

5月頃には夏の匂いを感じます。1ヶ月後には本格的な夏がやってきます。

こういった異なる四季を味わうからこそ、感受性が豊かになっていくのだと思いま

す。

「異なることに触れる」というと、何かアクロバティックなことをしなければいけない気がしてきますが、そんなことは全然ありません。

日常生活でいくらでも可能です。

例えば、いつも行かないカフェに入ってみる。いつもと違う定食屋さんで、いつもと違う昼食を注文してみる。

普段なら観ないであろう映画をあえて観てみる。普段なら読まないであろう小説を買ってみる。

いつもなら絶対に行かないアパレル店に入ってみる。そして最新のトレンドを試着してみる。

おもしろそうな企画があったら、とりあえず乗っかってみる。変なゲームがあったらやってみる。

こうして、いろんなものを受信してみることです。

「おもしろい」とは、ただ笑えることだけではありません。

異なることに触れて、違いを楽しむのもおもしろさです。

以前、私は、本当によく全国を出張していました。

各地域に行くと、全国チェーンのカフェより、あえて商店街の小さなカフェに入ります。地元の雰囲気がよく表れていてさまざまな発見があるからです。

旅行に行けば、たとえ時間がなくてもいろんなところに訪問します。

静岡の伊豆半島に旅行したとき、数分しか滞在できないとわかっていながらも、最南端の「石廊崎灯台（いろうざきとうだい）」まで行きました。

秘境の地といわれる３６０度の絶景が、いまでも脳裏に焼きついています。

そして思いました。

「私もこの灯台のように多くの人の人生を照らす存在になりたい」と。

最初は形からでもいいと思います。

「**別に興味はないけど、とりあえずいつもと違うほうを選択してみる**」

というように。

とりあえずやってみる。少しでも何か感じたら動いてみる。

それを続けるうちに本当の感動がやってきます。

あらゆる経験を通じて、自分の認識を揺さぶっていく。

その過程で成功することもあれば、失敗することもあるでしょう。

人を傷つけたり、傷つけられたりすることもあるでしょう。

そういった体験をするからこそ感受性が磨かれ、相手の痛みも悲しみも、嬉しさも楽しさも、すべて感じ取ることができるのです。


相手の心の機微まで感じ取る。そして相手も自分を感じ取ってくれる。

お互いを労わり、支え合い、高め合う。

こんな素晴らしい人間関係が日本中に広がったら最高です。


さぁ、本書の最後になりました。

これだけは言えます。

現在の行動で未来は変わります。

情熱を注いだ先に、いまを超越した世界があります。
だからこそ、本書の中で何かひとつでも実践していただけたら本当に嬉しい。
これが私の正直な気持ちです。

本書があなたの人生を輝かせるきっかけになれば幸いです。
ぜひこれからも同じ時代に生きる証として共に成長していきましょう。

Training menu 5

異なることに触れる

おわりに――いまこそ、もっともコミュニケーションを取るべき相手がいる

ちょうど15年前。まだ私が会社勤めをしていたころです。

当時勤めていた会社は教室事業を営んでおり、毎日たくさんのお客様が来校されました。そこでよくお客様と他愛もない会話をしていたのですが、

「実は会社に苦手な人がいて……」

「自分の意見を言うのが苦手で……」

「初対面の人との会話が続かなくて……」

「緊張しいで上手く話せなくて……」

など、コミュニケーションに関する悩みを聞くことがありました。

ただ、悩みを打ち明けられても当時の私は何もできませんでした。

なぜなら私自身、コミュニケーションが苦手だったからです。

それを機に「なんで自分はコミュニケーションが苦手なんだろう……」と深く考えるようになりました。自己対話がはじまった瞬間です。

自身の心を紐解くと、

・本当は言いたいことがあるのに傷つくのが怖くて言えない自分
・相手の顔色だけをうかがって迎合しようとする自分
・自分の殻が破れずどうしたらいいかわからない自分
・それを他人や環境のせいにする自分
・そんな自分が嫌でふてくされている自分

ドロドロしたものが出てきました。そこではじめて気づいたのです。

「**自分は弱い人間だ**」と。弱いなら弱いなりの戦い方があります。

・話すのが苦手なら、**相手の話を聞けばいい**
・緊張しやすいなら、**緊張しながらでも話せる方法を身につければいい**
・ストレートに言えないなら、**言いやすいように変換すればいい**
・言いたいことがまとまらないなら、**まとめる時間をもらえばいい**
・聞かれていることがわからなければ、**質問すればいい**

こうしていろいろ実験しながら、経験を積む中で、有効なメソッドが見いだせるようになりました。そして気づけばコミュニケーションに関するビジネススクールを立ち上げ、全国展開するまでに至ったのです。

「あえて話さない戦略」は、コミュニケーションについて書いた本ですが、本書をきっかけに、ぜひコミュニケーションを取ってほしい相手がいます。

人生で一番コミュニケーションを取ってほしい相手。そう、自分です。

いま、自分は何を感じていて、何を目指しているのか。

決して答えは見つからなくてもいい。むしろ「私はこんな人間だ」「私のやりたいことはこれだ」と早計に決めつけるほうが危ういです。

本当の自分や、本当にやりたいことは、意図的に「見つける」ものではなく、あらゆる経験を通じて**「見つかる」**ものだと思うからです。いろんな人とコミュニケーションを取り、さまざまな人生経験を積むからこそ、本心が滲み出てくるのです。

あなたも、日々生活をしていると、いろんなことに直面するでしょう。

夢や目標に心が湧いたこと。成果が出て気持ちが満たされたこと。

好きな人に会って嬉しくなったこと。

反対に、描いた通りにならず歯がゆかったこと。泣きたいくらい切なかったこと。眠れないほど悔しかったこと。

ときには、自暴自棄になったり、自分を誤魔化したり。

でも、そんな自分も自分、非常に人間らしいです。

何をやっても上手くいくときもあれば、もがき苦しんで泥にまみれてるときもあります。そんなとき、ぜひ自分の声を聞いてあげてください。

きっと何かを発しているはずです。何かを発するということは何かに挑戦している証。そんな自分を応援してあげてください。

自分との対話が目の前の世界を前進させます。対話を通じて生きる意味や価値を知るからです。その瞬間、とてつもない幸せがやってきます。

本書が自分との対話を始めるきっかけになれば、これ以上の喜びはありません。

株式会社モチベーション&コミュニケーション

代表取締役　桐生　稔

書籍購入特典のご案内

【あえて話さない戦略20番目のスキル】

ワンランク上のリーダーを目指す 会話スキル 動画プレゼント

この度は『あえて話さない戦略』をご購入いただき、誠にありがとうございます。感謝を込めてプレゼントがあります。

本書の第2章「あえて話さない戦略」を実践する19のスキルには、実は20番目のスキルが存在します。

リーダーになると、とかく目標を達成することだけに意識が向く方も多いです。それは決して悪いことではありません。私も強烈なノルマの中、数々の売上目標を達成してきた自負があります。

しかし、それが行きすぎると、高い目標に押しつぶされ、プレッシャーに心が折れ、挫折を味わう部下も多いです。だからこそお伝えしたいスキルがあります。それが「シェイピング法」です。

「シェイピング法」とは、目標にたどり着くために、行動をスモールステップに分けて、簡単なものから学習していく技法です。あえて最終ゴールではなく、目の前の期待を伝え続けます。そして、部下が一歩ずつ着実に階段を上り、自発的に目標を達成していくための会話を行っていきます。

具体的な内容は、ぜひ下記QRコードを読み取って動画をゲットしください。詳しく解説しております。モチベーション&コミュニケーションスクール専用LINEから特典動画を送付させていただきます。

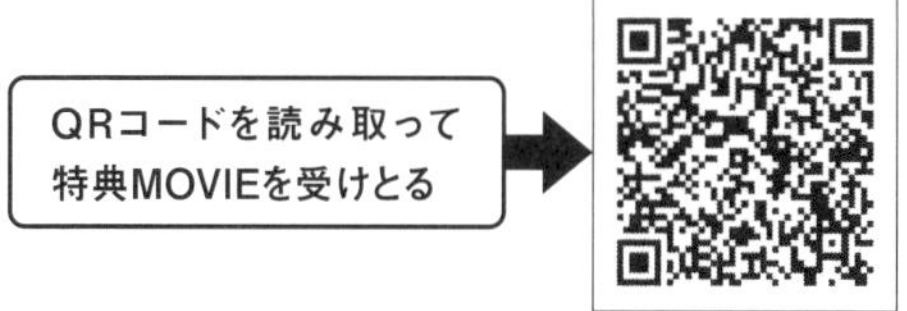

モチベーション&コミュニケーションスクール　ID:@phl8684g

研修・講演・取材のお問合せ

株式会社モチベーション&コミュニケーション 代表取締役 桐生 稔
〒163-0649 東京都新宿区西新宿1丁目25-1 新宿センタービル49階
TEL:03-6384-0231
MAIL: info@motivation-communication.com

お問合せはコチラ　https://www.motivation-communication.com/media/

提案・指示・交渉・雑談・プレゼン・会議 etc.
あえて話さない戦略

2024年 5月31日　初版発行

著　者……桐生 稔
発行者……塚田太郎
発行所……株式会社大和出版
東京都文京区音羽 1-26-11　〒112-0013
電話　営業部 03-5978-8121／編集部 03-5978-8131
https://daiwashuppan.com
印刷所……信毎書籍印刷株式会社
製本所……株式会社積信堂
装幀者……菊池祐

ISBN978-4-8047-1911-5